【历史新阅读丛书】

秦朝果然很有料

第一卷

纪陶然◎著

中国工人出版社

目 录

楔子

从某种意义上来讲，我们仍然生活在秦朝。

我们这个地域辽阔的多民族国家，至今行政区划仍受着郡县制的影响，有统一的度量衡、法律、文字和钱币。这些都是在秦朝率先创立的制度，所以人们经常说“百代犹行秦政法”，足见秦朝在中国历史上的重要性。

大家都知道，英语里China表示中国，但很少有人知道China是“秦”的译音。不单是英语，法语、德语、拉丁语、阿拉伯语、古印度梵文等多种语言中的“中国”都是“秦”的译音，足见秦朝在世界上的影响力。

中国经历了春秋战国五百多年分裂之后，秦朝在中国历史上第一次完成了大一统。秦国和秦朝的历史是古代中国由分裂走向统一，由衰败走向复兴的一个历史过程。

这个过程留下的各项遗产，对两千多年的中国历史产生了广泛而深远的影响。

然而，我们真正了解秦朝吗？

如果把秦朝比作一颗流星，人们能够看到它划破天际那一刹那的璀璨，却很难发现它穿梭过亿万光年的暗夜才来到你的面前将自己燃尽。

如果把秦朝比作一只鸣蝉，人们能够听到它啼破夏夜那一刹那的嘹亮鸣叫，却很难想象它在地下隐忍努力了多少年才破土而出一飞冲天。

而我更愿意将秦朝比作一棵大树粗壮的树干，它向上抽出汉晋隋唐宋元明清茂密繁盛的枝杈，直直地顶向青天，泥土之下却是更加繁复发达的根系，深深地扎向大地。

想了解这棵大树，那就让我从一颗种子讲起。

第一章 从远古走来

嗌嗌的叫声

蒹葭苍苍，白露为霜。
所谓伊人，在水一方。
溯洄从之，道阻且长。
溯游从之，宛在水中央。
蒹葭萋萋，白露未晞。
所谓伊人，在水之湄。
溯洄从之，道阻且跻。
溯游从之，宛在水中坻。
蒹葭采采，白露未已。
所谓伊人，在水之涘。

溯洄从之，道阻且右。

溯游从之，宛在水中沚。

——《诗经·秦风·蒹葭》

《诗经》中的《秦风》就是秦国先民吟唱的民歌。《秦风》共有十首诗，这首《蒹葭》无疑是流传最广的一首。诗中描绘了秦地汧水与渭水交汇处水草丰美的湿地风光。秦人在“汧渭之汇”耕作、放牧、恋爱、繁衍，并从这里出发，一统寰宇，建立帝国。

但这里却不是秦人的故乡，他们是通过数千年的迁徙才扎根这里的。秦人的祖先起源于中国东部，他们本是中国上古时期东夷族的一支。秦人的始祖可以上溯到三皇五帝之一的颛顼。皇帝的第二个儿子昌意到若水做了诸侯国的国君，并娶了当地酋长的女儿为妻，生下了颛顼。夏朝、春秋战国时期的楚国、赵国以及后来的秦朝的君主都是颛顼的子孙。

颛顼的后代中有一个叫作皋陶的人。他是中国的第一个法学家，被誉为中国司法鼻祖。他在尧帝和舜帝时期掌管国家的刑法和教育。他很公正，用法律和教育两项措施管理教导人民，使天下得到很好的治理。

皋陶的儿子叫作大业，也他继承了父亲的职位，在舜禹时期是非常重要的大臣，掌管国家的刑罚和监狱。大业的儿子叫大费，又叫作伯益，他就是秦人认定的始祖。伯益这个人在秦国的发展史上具有举足轻重的地位，他是历史上第一个姓嬴的人。

在伯益之前，他们家族并没有嬴这个姓氏，包括伯益，起初也并不姓嬴。“伯”的意思有两种，第一个意思是指在伯仲叔季的排序中排在老大的意思，伯益或许是大业的大儿子；第二个意思，“伯”是爵位，公侯伯子男的“伯”，也许伯益被封为了伯爵，但是这些现在已经说不准了。

“益”才是他的名字，这个名字代表了他们部族的图腾。在传说中，伯益的奶奶也就是大业的母亲叫作女修。女修在纺织的时候，看见一只玄鸟坠落了一枚蛋，她就将玄鸟蛋吞食了，因此有孕，生下了大业。大业娶了一个叫作女华的女人，生下了伯益。也就是说，伯益所在的这个部族是以玄鸟为图腾，并自认为是玄鸟的后代。由此可以推断这个部族来源于中国的东方，是东夷人之后。东夷人有很多以鸟作为图腾的部落，如玄鸟氏、青鸟氏、丹鸟氏、凤鸟氏等。

在世界范围内，原始人都普遍认为生育是由于本部落的图腾进入了本部落妇女的身体，继而有了新生命的诞生。女修吞掉了玄鸟蛋并生下大业正是这一现象在中国远古的表现。玄鸟是一种类似于燕子的小鸟。它的叫声正好是“嗌嗌”的声音。伯益的名字就是来源于这个象声词。

但是为什么要用玄鸟声音的象声词来表示伯益呢？这和伯益的一个特长有很大的关系。

传说伯益精通鸟类的语言，可以用鸟类的语言同鸟对话，进而驯服鸟类和野兽。在《尚书》里边记载了这样的一段故事：

舜帝问谁能够驯服天上地下的草木鸟兽，部落联盟的首领一致推荐伯益。舜帝于是就任命伯益做了掌管山泽的大臣。伯益在自己的任上尽心尽责，把山川江湖和草木鸟兽都管理得非常好。直到今天在很多信仰伯益的地方，还将其称为“百虫将军”，因为伯益和山林中的百虫打交道，并驯服了百虫，使百姓能够安居乐业。

这种管理可不仅仅是保护环境、保护自然那么简单。当时处于原始社会，人们需要扩大生产领域，提高部落百姓的生活水平，所以要向自然索取资源、利用资源。伯益带领大家驯服草木鸟兽，这只是伯益带领大家同大自然做斗争的一种具体化的表现而已。

伯益还做了很多其他的工作，比如说伯益带领原始先民开荒种田，开荒就需要烧山烧林，将林地开垦出来成为耕地，同时将野兽驱赶走。在烧山的过程中，伯益发现凡是大火烧过的地方，那里的土就会特别的硬，这种硬土或许能够作为盖房子的建筑材料。

经过反复的实验，伯益将泥土和石块堆垒起来，然后再用大火去烧，形成了比较坚固的墙体，逐渐形成了早期的房屋。人们躲在里面遮风避雨，可比以前的茅草屋强多了。因为伯益的这个贡献，所以民间一直有把伯益当作土地爷加以供奉的传统。今天我国东部、南部的许多地方，仍然将伯益当作土地爷，把供奉土地爷的神庙称为伯爷庙。

飞翔之“嬴”

在山林开发、洪水整治、对外战争中，伯益虽然不是部落联盟的首领，但却都起到了至关重要的作用，因而伯益被舜帝赐了了“嬴”姓。那时候是没有文字的，这个姓氏的表述方式应该就是一个徽记，也类似于部落的图腾。据推测，“嬴”最初的样子就是一只飞翔的小鸟。燕——益——嬴，它们在发音和字形上都很相似，最初都是鸟飞翔的样子，都来源于那个玄鸟的故事。

舜帝还赐予了伯益一个姚姓玉女为妻。一些记载认为这个姚姓玉女可能就是舜帝自己的女儿，因为舜帝本身就姓姚。这个玉女也有可能是舜帝宗族的女子，类似于后世和亲中的“宗族公主”。

大禹在位的末年，部落联盟需要推选大禹的继承人，大家一致推选伯益。然而此时部落联盟的情况已经发生了很大的变化，随着生产水平的提高，剩余财富越来越多，私有观念出现并成为当时社会思潮的主流。在过去，部落联盟首领手中的权力并不能够给自己带来私有财富，尧帝舜帝那样的领袖要亲自到田间去耕种，大禹治水时也是亲力亲为。

然而，私有制出现之后，权力就会带来巨大的财富，因而人们对于权力的争夺表现出了极高的热情和极大的兴趣。大禹的儿子启，此时已经不满足于仅仅作为大禹部落的首领，而是要继承自己父亲的职位，作为整个部落联盟的首领。然而部落联盟已经推选了伯益作为大禹的继承人。与此同时，东方的会稽传来了大禹的死讯。彼时的大禹正在会稽巡狩，不幸在那里去世。

伯益与启的矛盾不可避免地爆发了。

接下来的历史扑朔迷离。我们都知道启最终做了部落联盟首领，并建立了夏朝。而关于其中的过程，有两种说法。一种是伯益让贤说，一种是启杀伯益说。

第一种说法是，在大禹去世之后，禹的儿子启需要服丧三年。在这期间，伯益行使部落联盟首领的权力。等到启三年丧期期满之后，伯益认为启更适合做首领，于是主动让贤，将自己的位置让给了启，而自己则到箕山上隐居了。

第二种说法是，伯益做了部落联盟的首领。而启以大禹部落为基础，联合其他的“友党”，突然发动军事政变，攻杀了伯益，以此夺得了天下。

在世袭制代替禅让制的过程中，这种血腥的杀戮恐怕是难免的，虽然听起来有些残酷，但可能更加符合历史本来的面目。伯益家族在夏朝整个历史阶段所受到的待遇，更能够说明这一点。

如果伯益真的是主动将天下让给了启，那么伯益应该在夏朝占有尊贵的位置，至少具有世袭大臣的位置。然而情况却恰恰相反，伯益的后人在夏朝非常没落，他们不但失去了在朝中的地位和权力，甚至还成为被迫害的对象，被迫离开了统治中心，在中原和少数民族地区杂居。但伯益的后人一直在忍辱负重，积蓄力量。

这样的日子挨过了四百年。四百年后的某一天，黄河下游的一个土台上，梳有东夷发式的商族首领汤率领臣民祭祀天地祖先，宣誓征伐夏朝。

汤历数了夏王罪状，最后说：“夏朝的老百姓都说那个毒日头啥时候能灭亡，我们情愿和你同归于尽！大家看看夏王的德行已经到了这种地步，今天我必须不畏艰险带领大伙去讨伐他。”

原来，夏朝在启去世后，经历过失国，也经历过中兴，但总体上是一代不如一代，逐渐衰落下去。夏朝最后即位的君主是大禹的第十四代孙子夏桀。据说夏桀也不是个懦夫，很勇武，他可以用力将鹿角折断，但他把这样的勇武全部用在游猎征掠上了。

夏桀的对手汤是商部落首领。商族兴起在黄河下游，相当于现在的河南、山东一带。商部落的历史可以追溯到母系氏族公社时期。这个部落的始祖叫契。传说帝喾的妃子简狄在野外洗澡的时候，忽然发现燕子下了个蛋，她吃了这个燕子蛋以后便怀孕生契。

契长大后，协助夏禹治水，因功封于商地。所以古代有“天命玄鸟，降而生商”的传说。商部落的起源和发家史同伯益部落基本相同。商部落与伯益部落是同根、同源、同种、同文化的东夷部落。

在夏桀沉浸在无度的游猎中时，商汤正在紧张地发展生产，准备战争。他首先出兵征伐了几个小国，见夏朝并没有强烈反应，就准备乘胜攻打昆吾。昆吾是夏朝的一个大诸侯，国君称夏伯，是夏桀的屏障。商汤不断对昆吾进行挑衅，诱使昆吾主动攻击自己。

第二年，昆吾自恃兵力雄厚，首先率军攻商。这样，挑起战争的责任已经推给昆吾，汤与昆吾的战争就成了汤保家卫国的战争。结果，汤一举消灭了昆吾，杀了夏伯，并且停止对夏朝进贡。

这时商汤已经和夏桀平起平坐了。夏桀见商汤灭了昆吾，且不纳贡，大怒，于是发动九夷之师伐商。但九夷之师并不听从夏桀的指挥，都各自按兵不动。这时商汤正式兴兵伐夏，于是有了上面的誓词。

汤与夏军决战于鸣条。此战夏军溃败，夏桀逃往南巢，也就是今天的安徽省巢湖市，并且死在那里。夏朝随之灭亡。在这场大决战中，为商汤驾驭战车的人叫作费昌，他正是伯益的后裔。原来费昌不知何时悄悄流落到了东夷族的固有领地，并归顺了商部落。

费昌在鸣条之战中立了大功。商人对费昌褒奖有加。费昌的后代有孟戏和中衍等人，他们仍然干着祖先的老本行——给商王驾车。当时的商王叫太戊。太戊非常赏识孟戏和中衍，把两个女儿分别嫁给了他们。嬴姓与商王联姻，在商朝越来越发达，成为重要的诸侯之一。

飞廉与恶来

嬴姓在这期间逐渐西迁，并最终越过了崤山，来到了现在的关中地区发展。这里有很多西戎人的部落，最晚到了中衍的曾孙戎胥轩的时候，嬴姓就已经在关中地区和西戎人生活在一起了。戎胥轩在骊山和一个女子生了个儿子叫中潏。

中潏的儿子叫飞廉，飞廉的儿子叫恶来。他们两人生活的年代已经到了商朝末年，父子二人都是商纣王所倚重的大臣，并且不是一般的大臣。

据记载，飞廉善于行走，恶来孔武有力，他们两个人又都能凭借力气制服老虎、犀牛、熊等动物，所以他们是掌管军事方面的大将。因为拥有不一般的武力，“恶来”成为古代勇士的代名词，曹操就曾经称赞典韦，说典韦是“古之恶来”。

但是后世的小说，比如《封神演义》，却将飞廉与恶来刻画得非常不堪，说他们是商纣王手下的两个文臣，而且是两大奸臣。在周武王与姜子牙率军兵临朝歌城下时，飞廉与恶来却在商议如何能够自保。他们贪生怕死，不敢和周朝的军队战斗，甚至还出卖了自己的国君商纣王。

周人的军队攻破朝歌之后，两人偷了商纣王的玉符和金册，献给周武王，以求能够在周朝继续富贵。周武王一时高兴也是一时糊涂，就封了他们两人做大夫。而姜子牙封神结束后，文武百官都进来祝贺。

飞廉和恶来也恬不知耻，慢慢地蹭了进来向姜子牙道贺。姜子牙看到他们两人就大喊左右，将二人拿下。二人高喊冤枉，但是姜子牙说他们两个人在商纣王的身边干尽了伤天害理的坏事，断送了商朝的江山，是十恶不赦死有余辜的奸臣。姜子牙将他们二人斩杀，还将他们封为凶神恶煞。

这只是小说家之言。在文献记载中，飞廉与恶来的形象与小说中不同，甚至是大相径庭。在先秦的典籍中有多处记载，殷纣王将比干挖心，并且囚禁了箕子，而让飞廉和恶来执政。

由此看来，此二人确实不是善良之辈，但是他们却是商纣王的忠臣。在武王伐纣的过程中，恶来身先士卒，力战而死。飞廉当时正在为商纣王出使北方，并不在朝歌，因而躲过一劫。

飞廉出使归来，天下已经改换了主人。然而飞廉仍然记着自己的使命，他要向商纣王报告自己出使的结果。可是纣王已经自焚而死，又向谁去报告呢？飞廉也是忠诚得过分，他在霍太山筑起一座祭坛，在祭坛上祭祀纣王，并对着天报告，希望天上的纣王能够听见。在筑造祭坛的时候，飞廉意外发现一口石棺，石棺上刻着字：

“天帝命令你不要参与商朝的祸乱。赐给你一口石棺，以光耀你的氏族。”

飞廉并不甘心做周朝的顺民，他潜逃到了商族人与自己的老家东夷之地，联合东夷的部族起兵对抗周朝，但最终死于周公与成王时代周人对东夷的讨伐。有的人说他是被周公或者成王杀死，也有的人说他是自杀殉国。飞廉死后，人们就用那口石棺把他埋葬在了霍太山。

飞廉是秦始皇的第三十六代祖先，恶来是秦始皇的第三十五代祖先。就这样秦国的先人带着故国之思、亡国之痛，进入了西周这样一个崭新的朝代。

飞廉还有一个儿子叫作季胜，自飞廉之后嬴姓氏族分为了两个系统：

恶来血统和季胜血统。

因为恶来被周武王所杀，所以恶来的子孙在开始的时候并没有归顺周朝。而季胜虽然也是商朝忠臣飞廉的儿子，但是他似乎没有自己哥哥那样有骨气，他见风使舵，很顺利地归顺了周朝，并在周朝混到了官职。

季胜的儿子叫作孟增，生活在周成王时代。按说孟增与周成王有杀祖之仇，飞廉就死在周成王的手上，但是孟增却和周成王很亲近，成了周成王宠幸的人。

孟增的孙子叫作造父。造父生活的年代已经到了周穆王的时代。造父继承了祖先善于驾车的本领，成为周穆王的御用司机。

周穆王是西周乃至整个周朝最富有奇幻色彩的天子。他是周朝的第五代王，姓姬名满，据说他活了一百零五岁，在年轻的时候就喜欢修炼道术，最后成了神仙。

周穆王在位五十五年，是西周在位最长的王，在位期间他进行过两次远征，一次西征，一次东征；一次是艳遇，一次是屠杀。这两次远征都是造父为其驾车。

第二章 开基立业

穆天子的老司机

传说周穆王有八匹骏马，能够日行三万里，造父就用这八匹骏马为周穆王拉车。造父驾车的技术很高超，周穆王坐在里面感觉又快又稳，日行千里也不觉得颠簸。周穆王的西征主要是征伐周朝西部的犬戎部落。西征大获全胜，抓获了犬戎的五个王，又得到四百只鹿，四百只狼。

周穆王为了加强对西戎地带的管理，将恶来的后人迁徙到了这一带，居住在西犬丘这个地方。这个地方大体在今天的甘肃南部、礼县东北一带。自从秦人到了西犬丘之后，他们就与犬戎族有了千丝万缕的联系。

犬戎族是中国古代西北方很多少数民族的一个统称。他们认为自己的祖先是两只白犬，并以白犬为图腾，属于羌族的一支。因为在西北方过着散居的游牧生活，所以又称为西戎。因地理关系，他们与周、秦联系都非常紧密，是先秦史上最重要的少数民族。周的灭亡和秦的崛起都和他们有着扯不清的关系。

在教训了犬戎之后，周穆王继续西巡。到达了昆仑山一带，甚至还和传说中的一个女神西王母产生了联系。西王母据说在今天的甘肃、新疆一带，可能是西域某个神秘的母系氏族社会的女王。周穆王带上白圭、玄璧和华丽的绸缎去拜见西王母，两人在美丽的瑶池相会。

春宵苦短，临别时，西王母作歌赠给周穆王：

白云在天，山陵自出。
道里悠远，山川间之。
将子毋死，尚能复来。

西王母希望周穆王能够再来相会。然而周穆王再也没有来。

唐代诗人李商隐曾有诗说：

瑶池阿母绮窗开，黄竹歌声动地哀。
八骏日行三万里，穆王何事不重来？

周穆王为什么没有再来呢？可能是因为太忙了，他在西征结束后马上就开始了东征。

在周朝的东方，东夷族经过商末周初周人的屠杀，又被分成了许多小的部族。当时徐国的国君叫作徐偃王，他也是姓嬴。

传说徐偃王的降生和哪吒差不多，他的母亲怀孕之后生了一个肉球，觉得是不吉祥的事，就将这个肉球扔到了水边。有一个姓独孤的老妇人养了一只狗，这只狗到了水边，看到了这个肉球，就将其叼回家。老妇人不知这肉球是什么东西，就将其劈开看个究竟，发现里边有一男婴。

男婴长大后成为徐国的国君，他就是徐偃王。徐偃王以仁义治国，有四十多个东夷国家都来归顺他，向他进行朝贡。这种情况严重威胁到了西周的权威。因此周穆王率领军队进行东征。

虽然是周穆王亲征，但是周穆王动用的却是楚国的军队。徐偃王一时不备，被楚国军队偷袭，兵败身死。徐偃王的子孙被迫向南迁徙，流落到今天的长江下游一带。

徐偃王非常受百姓尊敬，直到今天，浙江仍有祭祀徐偃王的寺庙。唐代文学家韩愈还专门写过徐偃王庙碑记。宋代诗人刘克庄也特意为徐偃王庙写过一首诗，拿徐国的徐偃王与秦朝的秦始皇相比：

仁暴由来各异施，秦徐至竟孰雄雌。
君看骊岫今无墓，得似柯山尚有祠。

大概意思是说秦始皇靠暴政取得天下，但是连坟墓都找不到了，而徐偃王虽然因为仁义失去了天下，但是还一直有祭祀他的祠庙。

在这次东征过程中，造父虽然与徐偃王同是嬴姓，却坚定地站在了周穆王一边，因驾车有功被封于赵城。造父就是战国时期赵国的祖先。

我们看到当时的历史充满着神话色彩。这是因为在三皇五帝时代和夏朝、商朝早期都没有文字，只有到了出现甲骨文的时候，才有了一些简单的文字。到了商晚期和西周才在一些青铜器上有了文字的记载，但是这种记载实在是太过于简单了。

从目前掌握的资料来看，我们熟知的那些记载上古历史的文献，都是春秋战国以后的，距离这段历史少则几百年，多则几千年，如关于传说时代三皇五帝的文字文献，最早的也是西周时期的《尚书》《周易》《诗经》等。而司马迁在写《史记》的时候追溯秦国的祖先，实际上离那段历史已经过去了两三千年了。

历史经过了人们口口相传，几百年后才有人用文字整理下来流传至今。且不要说中间有多少别有用心的人故意歪曲，即使是如实的记录，经过了多少人的耳和口，早已经和真实的历史相距甚远了。不要说上古三皇五帝时期扑朔迷离，就是西周时期也是充满着很多神话色彩。

就拿刚才造父为周穆王驾车来讲，一辆木制的马车怎么可能在崎岖的道路上一天行驶千里呢？在《穆天子传》中，周穆王的八骏车日行三万里。而其他文献中记载，造父为周穆王驾车日行一千里。把本来能日行三万里的车开成了日行千里，那造父的驾车技术到底是高还是低呢？

这是一个巫祝与君主、传说与历史、时间与空间纠葛缠绕的时代，大体的历史真实都难以说清，更何况一个历史细节甚至当事人的一句话。我们只能从保留下来的有限史料去窥探那个时代的一鳞半爪。

神话传说时代的历史并不一定真的具有历史价值，但它却具有艺术价值。从口头传说到文献记载的过程，曲折地反映了我们的先人筚路蓝缕，以启山林，同自然斗争、同部族斗争的历史。要用科学理性的态度去看待那段人神混同的历史。

牧马人

季胜系统的嬴姓子孙通过掌握先祖驾车的本领在西周取得一席之地。而恶来系统的嬴姓子孙却掌握了祖先的另一项本领：驯服鸟兽。

在先秦时代，经济生产方式以农业和畜牧业为主，如果能够驯服鸟兽，就能够促进畜牧业的发展。而畜牧业发展了，又能够为农业提供畜力，带动农业的发展，同时也能为军队提供脚力和劳力，使更多的士兵解放出来，军队的战斗力就能得到明显的加强。

经济发展了，军队强大了，整个国家也就腾飞了。所以驯服鸟兽是非常重要的专业技能，远比为天子驾驶一辆车去和别人私会，发生一场艳遇要重要得多。恶来系统的子孙恰恰掌握了这项关系到国家命脉的重要技能。

恶来系统的传承是恶来生女防，女防生旁皋，旁皋生太几，太几生大骆，大骆生非子。非子所在的西犬丘是天然的好牧场，这里有一条西汉水自北向南流过，一直流到下游的嘉陵江。这里水草丰美，偏偏非子又有着不同寻常的豢养牲口的天赋和技能。他养的马膘肥体壮。

非子善于养马的事逐渐传开了，甚至传到了周孝王的耳朵里。周孝王任命非子管理周朝的马政，在汧河与渭河的交汇处养殖马匹。不出几年，非子饲养的马匹大量繁殖。周孝王非常欣赏非子，要对其进行封赏。

周孝王想让非子做大骆的继承人，但是非子并非大骆的正妻所生。大骆的正妻是申侯的女儿，生了一个儿子叫作嬴成，嬴成才应该作为大骆的继承人。

嬴成有申侯这样的外祖父做后台，周孝王一时也觉得难办。他将申侯找来商议。

申侯自然当即表示反对。他对孝王说："大骆为周朝守卫西部边境，西部边境因此太平，这样您才得以安稳地做周王。我把女儿嫁给大骆为妻，生下嬴成作大骆的继承人是天经地义的事。如果临时改变，恐怕西部要起祸端。希望您考虑一下吧。"

周孝王一听申侯的诉说，觉得也很有道理，但是既碍于申侯的面子，又不能不封赏非子，他想到了一个两全其美的好办法。

周孝王说："从前伯益为舜掌管牲畜，牲畜繁殖很多，伯益因此获得土地并受赐嬴姓。现在他的后代给我驯养繁殖马匹，同样有功，我也不能有功不赏。既然无法让他做大骆的继承人，那就单独分给他一块土地，让他做我的一个附庸吧。"

就这样，秦邑成了非子的封地。秦邑在今天的甘肃张家川一带。

一言以兴邦，一言以丧邦。申侯这番看似对非子不利的话，却在不久的将来救了非子全族的命，并直接导致了秦国的兴起。申国国君是西周时期举足轻重的诸侯，后来西周灭亡也与其有莫大的关系。

无论如何，恶来的后人终于在西垂之地获得了一块周天子分封的土地，获得了一个地位低下的封爵，摆脱了殷商灭亡的阴霾，摆脱了战败国移民的身份，成了周王朝统治阶级的一分子，虽然是很低微很小的一分子。

“附庸”是今人常用的词，意思大家都清楚。但是在西周的时候，附庸是一种低于“公、侯、伯、子、男”的低级爵位。根据当时的规定：天子地方千里，公、侯地方百里，伯地方七十里，子、男地方五十里，不够五十里的就叫作附庸。

那么附庸算不算诸侯呢？不算。它只能算是贵族，因为当时规定，附庸不能和其他诸侯一起朝见天子，也不能和其他诸侯有独立的外交关系，它是附属于天子的贵族。

知道了“附庸”的原义，我们还可以理解汉语中和“附庸”有关的一些词的本义。比如人们常用的“附庸风雅”一词，现在是贬义，但附庸风雅的原义却不是这样。

附庸风雅就是小风雅，还算得上风雅的意思。如果将《诗经》比作一个大国，“附庸风雅”就是《诗经》的附庸国，虽然没到《诗经》那样的水平，但也如《诗经》那样雅致，类似于“小诗经”。

如清代史学家姚之骃所著《元明事类钞》，该书卷十六有“附庸风雅”一条：“陈仲醇通明俊迈，短章小词皆有风致，亦可装点山林，附庸风雅。”

很明显，“附庸风雅”是褒义词。

非子虽然没有做成大骆的接班人，但是他却有了一个地方不足五十里的封地：秦。这是秦国的直系祖先取得的第一块封地。自此之后五百年，秦人就从这个不足五十里的，甚至连诸侯都算不上的小附庸国，一跃成了统一全中国的第一个封建大帝国。

秦国的发家史正式开始了。

“专利”改革

西周从周昭王起就已王道衰微了。到周夷王时，四周方国部落交相发动对周的进攻和侵扰，诸侯出现了不去朝见周天子，甚至相互攻伐的局面。周王朝的共主地位受到挑战，政治、经济力量下降的幅度惊人。到了周夷王之子周厉王姬胡即位的时候，周王朝的统治大厦根基已经开始动摇了。

一个最重要的事件是在今南阳东北一带原来臣服于周的鄂国，看到周的势力衰弱，就乘机叛周。鄂侯联络南淮夷和东夷部落，出兵进攻周的东部疆域和南部国土，声势浩大，气势凶猛，一直打到东都成周附近。

周厉王在处理这件事上显示了他的军事才华。他调来周军西六师的部队，又从北部调来殷八师的大军，从西、北两个方向向河洛地区聚集。将领禹率大臣武公的私家兵车百乘，厮御两百人，徒兵千人参战，经过激烈的战斗，周厉王击败了鄂侯，保卫了成周的安全。

周厉王攻鄂之战后，居住在今安徽北部淮河流域的淮夷，又发兵向成周进攻。周厉王命虢仲率兵反击，未能取胜。厉王只好亲临成周指挥反击战。周兵自洛水上游连续发动多次反攻，淮夷只得败退。

但是，按倒葫芦瓢又起。接连的胜利也没有遏制住四方的反叛。此时在周朝的西部边陲也传来了警报声。犬戎自从被周穆王打散之后，消停了一段时间，现在又逐渐恢复了气力。他们看到周室逐渐衰微，于是也起来造反。

首当其冲的就是仍然在西犬丘养马的大骆之族。大骆之族不是犬戎的对手，几个回合下来就被攻击得不成样子。犬戎将奄奄一息的大洛族民或分而食之或充作奴隶，大骆被灭族了。

试想当年如果不是申侯为了自己的一己私利阻止周王将大骆的位置传给非子，那么被灭族的就是非子这一族了，那也就没有以后秦朝的历史了。

西犬丘被犬戎攻陷之后，秦邑就直接面临着犬戎的刀锋。而西周的王畿之地，甚至连镐京都受到了犬戎的威胁。

周厉王从接连不断的叛乱中看到的却是周朝的衰落。噩国、淮夷居然明目张胆地反叛，南面的楚国竟公然称王，与周厉王分庭抗礼，诸侯肆无忌惮地互相攻伐，犬戎复兴兵锋直指镐京，哪里还把周王天子放在眼里？

面对政治上将要失去共主地位，经济上已经走向崩溃的破落王国，怎么办？

周厉王想起了他的祖先“周虽旧邦、其命维新”的勇气，周厉王痛下决心：改革。周厉王成了中国历史上第一位有名有姓的改革家。史书上称之为“厉始革典”。

改革首先是起用善于改革的人才。在周代，周公和召公世袭为辅政大臣。这种世袭辅政的制度自然有很多弊端。周厉王改变了惯例，起用善于理财的荣夷公和虢公长父担任卿士之职，让他们负起振兴经济和防御外敌的两大重任。这一做法很自然地遭到了周公和召公等贵族们的强烈反对。

荣夷公为周厉王出谋划策，提出“专利”的口号。专利就是周王室从各级贵族占有的山林川泽所得到的经济利益中提出一部分，作为向王室交纳的物质财富。

这类似于后世的收税，在后世是天经地义的事，在当时却由于周厉王是开天辟地头一回，从而遭到那些被侵占经济利益的贵族们的反对。

比如贵族芮良夫就对周厉王进行发难：“一国之君能平白无故地从别

人手里拿走利益吗？普通人拿走别人的利益叫作盗贼，国王这样干又算什么呢？显然也是盗贼。”

客观上讲，周厉王的改革取得了某些成就。比如周朝的国力开始恢复，再比如周夷王时就已经公开称王的楚国，到了周厉王时，自己主动去掉王号，因为害怕周厉王伐楚。可见周厉王改革确实使周朝的国力增强了。

这样一个周厉王，按说应该成为周朝的中兴之主，为后世所歌颂。可事实恰恰相反，周厉王是中国历史上有名的昏暴之君，这又是怎么回事呢？

周厉王与其他昏暴之君不同，他的私生活没有任何问题。夏桀宠喜妹，商纣宠妲己，周幽宠褒姒，他们酒池肉林，宴乐无度，追求个人糜烂的生活，至少史书上是这么说的。而对于周厉王，史书上没有半个字提到他有这些毛病。

周厉王与其他昏暴之君还有一点不同，他并不是被邻国以某种名义推翻的。夏桀亡于商国，商纣亡于周国，而周厉王通过他的改革，连最强大的楚国都自去王号，还有谁敢起兵讨伐他呢？

偏偏他亡于自己的臣民。

西垂大夫

周厉王的改革尤其是“专利”政策，严重损害了贵族、国人的利益。“国”指的是王所居都城及其近郊，“国人”就是指居住在上述范围内的人。在周厉王的年代，国人有参政议政权力，厉王应该针对一些重大问题征询他们的意见。这时，国人开始公开议论周厉王的过失，一时人心浮动。

周厉王作为中国历史的第一位改革者，面对反对声音，他没有任何历史经验可供借鉴。为了确保改革的进行，他采用了最简单、直接、幼稚、粗暴的手段——高压止谤。

他命令一名卫国的巫师建立一个机构，这个机构的成员分散在京城中的每个角落，监视在公众场合发表议论的国人。如果发现谁有反对声音，就要杀掉他们。

可以说这是最早的特务机构。周厉王这样干，自然被反对派指责为“暴政”。从此，国人都不敢说话，大家见面只是用眼睛打招呼，此等行为为后世留下了一个成语叫作“道路以目”。

周厉王做了一个愚蠢的掩耳盗铃者。他听不到反对声音，不代表没有反对者。民众就是这样，统治者仁慈，民众比统治者还仁慈；统治者暴虐，民众比统治者还暴虐。仅仅过了三年，国人就一起造反了。周厉王逃到了彘地避难，这件事叫“国人暴动”。

暴动成功后，周公和召公又出来联合执政，这在历史上叫作“共和”，时为公元前 841 年。

周厉王很可能至死也想不明白，自己一心为国为什么落到如此下场。难怪，他是第一位改革者，自然没有改革的经验。直到时间过了几千年，人类社会经历了大小无数次改革，我们才能得出这样一条经验：改革成功与否，关键在于改革的措施是否能够提高生产力。

周厉王在没有提高生产力的情况下，依靠自己的行政权力重新分配现有的利益，失利者自然不会答应。

周厉王逃到了彘地之后十四年，死在了那里。周公和召公等大臣拥立周厉王的太子姬静继位，他就是周宣王。

周宣王在位期间励精图治，逐渐恢复周朝的国势，史称“宣王中兴”。周宣王在继位之初，就决定和西方的犬戎大干一场。处在前线的附庸秦邑自然是最好不过的桥头堡。于是周宣王封当时主政秦邑的非子后人秦仲为大夫，让他带领秦邑的军队去讨伐犬戎。这时离西犬丘陷落犬戎之地已经二十年之久了。

秦仲对周王朝非常忠诚，加之大骆之族被犬戎所灭，既有国恨又有家仇，对于犬戎的讨伐不遗余力。然而周王朝长期对于西方边陲的忽视，已经让犬戎做大。区区一个附庸，小小一个秦邑，又哪能是犬戎的对手。

在讨伐犬戎的过程中，秦仲被犬戎杀死。这下西周政府认识到了西方边陲局势的严重性，原来那里已经到了无法控制的程度。若不派遣中央正规军前去征讨，仅仅靠地方上的武装已经无法和犬戎抗衡了。

为了挽回局面，周宣王授予秦仲的长子秦庄公七千正规军，开始了大规模反击犬戎的战争。国家的军队果然不同于地方的杂牌军，七千兵马一到，犬戎全面崩溃。秦庄公一举收复了西犬丘，报了犬戎的杀父之仇。

但是周朝的胜利却是以极大的投入和代价换取的，七千军队在当时绝对不是一个小数目。周朝也因此元气大伤，不能够再组织彻底消灭犬戎的战争了，周朝还是要依靠土生土长的秦人。于是周宣王提高了秦庄公的地位，将西犬丘也一并封赏给了秦庄公，并加封他为西垂大夫，让他全权管理周王朝西部边陲的各种事务。

这实际上也是周宣王的无奈之举，他是将秦人置于周朝京畿与犬戎之间，让秦人做周朝首都的安全屏障。

而对于秦人来讲，取得西垂大夫的封号实际上是相当危险的，他们必须独自担当对抗犬戎的重任。一旦犬戎东山再起，首当其冲受到冲击的还是秦人。

但是巨大的责任也伴随着巨大的发展机遇，秦人在西部边陲广阔的空间里发展自己、锻炼自己，适应战争、适应血腥，养成了豪迈的气概和尚武的精神，为以后向东方争夺天下做了长久的训练。

此后，秦庄公尽职尽责做他的西垂大夫。庄公去世之后，他的长子世父对于有杀祖之仇的犬戎非常愤恨。他毅然放弃了西垂大夫的继承权，发誓要领兵去讨伐犬戎，不得胜绝不回秦邑。于是他的弟弟继承了西垂大夫的封号，这就是秦襄公。

在秦襄公继位的第二年，世父果然带领秦人去讨伐犬戎，结果世父并不是犬戎的对手，反而被犬戎俘获。秦襄公经过多次斡旋，才将自己的兄长从犬戎的大营中救了出来。

世父的决心和勇气令我们动容，但是没有实力做后盾，任何的决心和勇气都显得那样苍白无力，面对犬戎，秦人还必须隐忍再隐忍。

第三章 分封建国

狼来了

我们再回头看天下共主周宣王，他虽然使西周出现了中兴气象，然而好景不长，周宣王的晚年国家又衰落了下去。一次，鲁武公带着长子和少子来朝见周宣王，周宣王一见鲁武公的小儿子就特别喜欢，就动了立他为鲁国太子的心思。大臣们都纷纷劝说，认为不可行，废长立幼是祸端的开始。然而周宣王听不进去，执意这么做，最终还是立鲁武公的小儿子做了鲁国太子。

周宣王凭借天子的权威干涉鲁国的内政，直接破坏了鲁国政坛平和的景象，导致鲁国陷入多年的内乱。很多诸侯嘴里不说，心里却不服气，这使得周天子的威望大大降低，从此以后很多诸侯对周天子的话都是阳奉阴违。而且这件事开了一个非常不好的头，天子带头废长立幼，那么各国的诸侯以及后世的周天子就都可以废长立幼。果然周宣王的儿子周幽王后来废长立幼，导致西周灭亡。

周宣王的晚年还经常对四周用兵，然而这些战争都以周天子的失败而收场。比如周宣王三十九年，也就是公元前 789 年，周宣王在千亩同姜戎打了一场仗，史称千亩之战。这场战争使西周在南方的军队全军覆没，周宣王还险些被敌人擒获，幸好在奄父的帮助下才得以突围逃脱。多次狼狈的失败后，周宣王含恨去世，将烂摊子留给了自己的儿子周幽王。

周宣王晚年的失败不但使周天子直接控制的军队逐渐减少，而且使周天子的权威一再受到削弱。诸侯国从此开始蔑视周天子，进而动摇了周天子统治根基，也为不久后的周幽王亡国埋下了伏笔。

周幽王名叫姬宫涅，是西周最后一个天子，也是历史上著名的昏君。据说周幽王贪恋美色，广征天下美女充实后宫。当时朝廷上有个大臣叫褒珦，他经常劝谏周幽王，要勤政爱民，不要耽政误国。周幽王大怒，就将褒珦囚禁起来。褒珦来自褒国，褒国在今天的陕西省汉中地区的北部，现在这里还有一条褒河。

褒珦在监狱里被关了三年，褒国人想方设法要搭救褒珦出狱。他们知道周幽王喜好美女，于是就在褒国选美，褒国人找到了一个叫褒姒的美女。

汉中直到今天还有盛产美女的美名。实际上褒姒并非这个女子的名字，“褒”是她的国家名，“姒”是她的姓氏。褒国本身就是一个“姒”姓的国家。这个女子在历史上连名字都没有留下，却成为红颜祸水的代名词被骂了几千年。

还有一个传说，褒姒的母亲原本是周厉王时期宫中的宫女，一天不小心触碰到了由龙的唾液变幻成的一只黑色蜥蜴，这个宫女此后就怀孕生下了褒姒。刚出生的褒姒被宫女扔掉后，被一对逃难的夫妻捡到，辗转带到了褒国。

不管褒姒是什么样的来历，总之她被褒国人精心装扮了一番，送进了周幽王的王宫。周幽王一见褒姒龙颜大悦，马上放了褒珦。褒姒很快受到了宠幸。然而不管怎样，褒姒都不会笑一声，甚至都不会露出微笑的表情。周幽王使用了各种办法哄她开心，仍然难博美人一笑。

幽王手下有一个奸臣叫作虢石父。他给周幽王出了一个馊主意，说离镐京不远的骊山上有烽火台，点燃烽火就预示着镐京出现了警情，各地的诸侯就会集结兵马前来支援王室。待诸侯到来，发现什么情况也没有，褒姒娘娘看到这样盛大而滑稽的场面也许会笑。

周幽王依计而行。他在骊山山顶同褒姒饮酒作乐，令人点燃烽火。果然没有多久，各地的诸侯纷纷来到山脚下，结果看到一片平和的景象，根本就没有敌人的进攻。褒姒看到这样的场面，果然嫣然一笑，而周幽王此时比褒姒笑得还开心。

然而“烽火戏诸侯”却只能取悦褒姒一时，周幽王为了讨褒姒长久的欢心，最后居然废黜了原来的王后申王后和太子宜臼，册立褒姒为王后，褒姒生的儿子伯服为太子。这下激恼了申王后的父亲申国国君，他联合犬戎攻打镐京。

周幽王赶紧派人点燃骊山的烽火，结果各路诸侯以为周幽王又在戏耍他们，都对此事置之不理，周幽王只能孤军奋战。怎奈申国与犬戎的军队势不可当，周幽王最终被杀死在骊山脚下。

这是一个西周版“狼来了”的故事，有教育意义、警示意义，却不一定是真实的历史。

骊山在西周镐京附近，山上点燃烽火其他的诸侯国是很难看到的，需要有一个完整的烽火传递系统，一个挨着一个地传递下去，才能够让诸侯国看见。

诸侯国看到烽火之后，需要集结军队再来支援。在当时的运输条件下，这绝对不是几分钟或者是一两个小时能够做到的事情，而需要让在骊山上等着看诸侯笑话的周幽王和褒姒至少等上几天的时间。

这样的等待之后，褒姒还笑得出来吗？

“烽火戏诸侯”出自《史记》，而《史记》是西汉人司马迁所著。烽火戏诸侯离他有五百年的时间间隔，他需要参考先秦的古籍才能够写作这段历史。在清华大学收藏整理的一批战国竹简中，记录了西周灭亡的历史，却没有提到烽火戏诸侯。

这批竹简在秦朝统一天下之前就被埋入了地下，没有受到秦朝“焚书坑儒”的影响，可以说不带“美颜效果”，最大限度地反映了先秦历史的真实容貌。

按这批竹简介绍，周幽王宠幸褒姒废掉申后是真，废掉公子宜臼立褒姒之子为太子也是真，申侯联络犬戎一起围攻周幽王并将其杀死也是真，偏偏没有烽火戏诸侯这个桥段。

笑容的背后

也许，烽火戏诸侯只是后人为了警示当政者，也为了解释西周灭亡的原因所编造出来的一个传说而已。在褒姒那似有还无的笑容背后，西周灭亡隐藏着更深层次的原因。

当时的人们相信天人感应。周天子代表天的意志，在人间行使权力，理应受到上天的保护。天应该让天子统治的人间风调雨顺，五谷丰登，万民安乐，天下太平。

但是，史书记载在西周末年，京畿附近经常出现大的自然灾害，尤其是旱灾，非常严重。地里的庄稼颗粒无收，甚至因天干物燥，连房屋都经常莫名其妙地起火。除了旷世的干旱，还有很多如地震、山崩这样的灾害记载，甚至还有硕大的冰雹砸死了很多牲畜。

《诗经》中记录了这一时期人们的惊恐与哀叹。

有的诗篇说：这是上天降下来的灾难，我们这里连年发生灾荒，大周朝的人民都很难继续生活下去。

有的诗篇说：苍天啊，你为什么不给我恩惠，又降下如此的灾难，使国家不能安定，使人民不能安宁。

有的诗篇说：这是苍天发出的威势，上苍降下深重的灾难，造成饥荒，人民到处流亡。从京城到边境一片荒凉的景象，这是苍天降下了刑罚的网，我们的国家真的要被颠覆了。

接连不断的天灾很容易让人联想到周天子已经失去了作为父亲的上天对他的宠爱和佑护。他已经失去了继续再做天子的资格。当然这个时候这种失去还仅仅局限在某一个周天子的身上，而并非局限在整个周王朝的身上。也就是说这个天子似乎已经不能再做天子了，但是周王朝还是受到上天佑护的，还是能够继续代表天的意志统治人间的。

而偏偏在西周末年，接连数代周天子都做出了出格的事情，并且在维护天下稳定的战争中接连失利。这就让人们更加坚信，上天是在惩罚周天子。

周天子的权威不断降低。人们开始试探性地对周天子的权威进行反抗，比如周厉王时期的国人暴动。这种反抗居然取得了胜利。

原来周天子也不是无所不能，也不是永远地高高在上，他们也是可以被击败的，也是可以被拉下马的。周天子的权威再次受到致命的打击。

周天子的落魄，在普通民众看来，或许最多是多了一些茶余饭后的谈资。但是，对于其他诸侯国的国君来讲，事情就完全不同了。他们逐渐开始觉得自己是完全有能力站起来挑战周天子的。

在这种情形下，一旦周天子的所作所为损害了他们的利益，或者没有使他们的利益最大化，他们绝对不满足于像以前一样，发一顿牢骚，喝一顿闷酒，鞭打几个家臣或奴隶出一出气。他们要起来反抗，要争取自己的利益。

根据西周的礼仪，诸侯来朝见天子，天子不用下堂迎接，如果下堂迎接，反而是一种失礼。但是从周夷王开始，天子居然下堂来迎接诸侯。这证明西周王室的权威已经开始衰落。

即使在这种情形下，纪国国君在周夷王面前说了齐国国君齐哀公的坏话，周夷王居然一怒之下烹杀了齐哀公。周宣王还可以利用自己中兴的余烈干涉鲁国的内政，左右鲁国太子的废立。

但是到了周幽王执政时期，哪怕周幽王在自己的宫廷内进行王后与太子的更换，都会引来诸侯的不满。已废皇后的娘家居然为了一己私利敢于联合外族，攻打首都，刺杀天子，这在以前是难以想象的。

申国国君本想联合犬戎攻杀周幽王之后立自己的外孙公子宜臼为周天子，继续周王朝的荣光。然而请神容易送神难，犬戎赖在周王朝的京畿附近不走了。他们渴了饮一口渭河水，饿了撕一头关中羊，优哉游哉，丝毫没有退回自己的故地陇山以西的意思。

周天子发现在自己的卧榻周围趴满了来自西方的“白色野犬”，他们张着大嘴，吐出血红色的舌头喘着粗气，一双双放着光的眼睛直勾勾地盯着自己。

再放眼自己的镐京和京畿附近，昔日繁华首善之地已经变得破败不堪，一片萧条景象。无论是从经济角度还是从安全角度，周天子都认为这里已经不适合天子居住了。

犬戎不走，那就天子走吧。

于是在继位的第二年，这位天子决定逃跑，搬到周王朝在东方的据点成周也就是洛邑去居住。当天子与大臣们商量此事时，周公首先站起来反对：

“虽然洛邑是天下的中心，但那是四面受敌之地。而且我们已经在镐京生活了将近三百年，为什么要迁徙到并不熟悉的洛邑去呢？”

然而周天子没有听从他的意见，执意动身。周天子姬宜臼谥号周平王，这件事史称“平王东迁”，这一年是公元前770年。

人们习惯于将“平王东迁”事件作为一条历史分界线，将周朝划分为两段。东迁之前称作西周，东迁之后称作东周。而东周又分为春秋和战国。自此后天下又开始重新洗牌，长达五百年的乱世开始了。

周王的奖赏

在平王东迁的过程中，秦襄公是主要护送者之一。其他的护送者还有晋国、郑国等。在经历了千辛万苦的旅途，终于到达洛邑安定下来之后，周平王十分感激大家，他要奖励有功者，秦襄王自然首当受奖。

早在周幽王被犬戎攻杀的时候，秦襄公就率队来救周幽王。天子蒙难，很多诸侯国都持观望态度，而秦襄公这样一个仅仅是附庸的小人物，却能带队来驱赶犬戎，拯救周王室，不可谓不忠诚。

秦襄公实际上和周平王还有一定的敌对关系，但是当周平王取得天下并准备东迁的时候，秦襄公又不遗余力地护送周平王，这证明秦襄公只是忠诚于周朝，而并非周朝某一个周王。这在当时也算是一种无私的表现，周平王深深地意识到这样的大臣非常难得。

周平王授予秦襄公伯爵的爵位。这个爵位不算低，与郑国相同。而当时的楚国也只不过是个子爵。封爵之后，自然要赐予土地。周平王说：“犬戎无道侵夺我们的岐山之地，如果秦国能够攻伐犬戎，重新夺回我们祖先的这片土地，那么我就将这块土地封赏给秦国。”

秦国在这次封赏中取得了政治上的巨大收获，首先它得到了孜孜以求的政治名分。在这之前，秦国只是天子的附庸，不能够像其他诸侯国那样行使外交权力，而秦国成为诸侯之后，马上向其他列国派遣使节，宣告自己的诸侯地位。

而秦襄公口头上得到的那块地方可是非同寻常。

这里是宋代之前传统意义上的中国经济中心、政治中心，更是地理中心。这个地区在地理上分为关中和陇上两个板块，而关中平原号称“八百里秦川”，垄上则是陇山以西到河西走廊这段地区，包括甘肃、宁夏、陕西的中北部。

关中地区既是固若金汤的四塞之地，又是交通发达的四通之地。说它是四塞之地，它西有陇山，南有秦岭，东有黄河，北有陇山、黄土高原和吕梁山共同形成的台地。只要把函谷关、大散关、武关等几个主要关口的关门砌死，把秦岭上通往汉中与巴蜀的栈道烧毁，也就只有南来北往的鸿雁可以自由通行了。

尤其是东方的函谷关，诸侯攻掠秦地主要走的就是函谷关。函谷关的进出道路只是一条狭长的山间谷道，因为路在谷中，深陷如函，所以称函谷关。有人曾经夸张地形容，用一颗泥丸，即可以封死函谷关。

而关中地区又是四通八达之地，不但退可守，而且进可攻。

秦国向东出函谷关就可以与天下诸侯逐鹿，甚至问鼎中原。也可以从蒲津渡或龙门渡等渡口渡过黄河，占领河东地区，进而攻占整个山西，出太行山侵占河北。

向南可以沿着几条蜀道进入汉中和巴蜀地区，得到天府之国成都平原的大粮仓，沿着长江又可顺流东下，出三峡而进占长江中游的三楚大地，甚至攻打长江下游的吴越地区。

向西可以沿着河西走廊到达西域，甚至可以沿着丝绸之路和西方世界取得联系。

向北可以登上黄土高原，到达水草丰美的河套地区，进而与蒙古高原上的游牧民族产生接触。

除了安全有利的地形，关中地区还是一片膏腴之地，非常适合农业的发展。关中沃野千里，自然资源丰富，土地松软，适合耕种，泾河、渭河等河流遍布其中，北方的高原阻挡了寒冷的空气，南方的秦岭又带来充沛的降水。

在《禹贡》中将中国分为九州之地，而秦所占据的关中属于雍州。雍州的土地被评判为中国最适宜农耕的土地，是中国农业发展最早、物产也最为丰富的地区。

这里又是周王朝二百多年的京畿之地。虽然犬戎的战乱使得这里荒废，但是各方面基础都非常好。一旦有了相对稳定的一段时间，这里又可以再次发展繁荣。相比于其他地区需要开荒拓土，一切从零开始来讲，关中的再度崛起要容易得多。

如果说其他地方是文明的种子种下后刚刚生长出的幼苗，关中就是冬天落叶的大树，看似萧条枯萎，了无生趣，只等着春雷一响便可复苏。

而一旦这里变得稳定繁荣，又会吸引战乱地区的民众来此避难。难民带来生产力，会促进这里进一步繁荣。繁荣又会吸引生产力，生产力又会促进这里更为繁荣。

那些想要在乱世中有一番作为的人才，就会将目光投向这里，将这里当作一个极好的平台，会对这里趋之若鹜，纷纷来此献计献策。这样的良性循环施展开来，秦国又怎能不强大呢？

关中地区就像一个幼小帝国的天然育儿袋，里面的“小袋鼠”好奇了就可以将脑袋探出来认知这个世界，困了累了又可以钻进去躺在温暖舒适的袋中遮风挡雨、吸吮乳汁，尽情地养精蓄锐、成长壮大，一旦觉得时机成熟就可以跳出去拥抱整个世界。

独特的地理环境使关中地区自古就成为中国统一势力的策源地。周朝兴起于关中，会盟天下诸侯，一举灭商。今天秦人得到这个地区口头上的使用权和管理权，他或许就会成为周朝第二。但这在当时也仅仅是或许而已。前途很光明，过程却很曲折。

从秦邑到秦国，再到秦朝，再到大秦帝国，秦人还有很长的路，需要一步一步扎实地去走。

就当时秦人的处境来讲，秦襄王得到的只是一张空头支票，而且开票人还马上就要破产了。

礼崩乐坏

周平王是顶着叛乱弑父的名声成为周天子的。除了申国等几个拥戴周平王的诸侯之外，天下的诸侯对他都不满意，尤其是与周王室一家的姬姓诸侯。在申国国君拥立周平王的时候，许多姬姓诸侯国拥戴了另一位周天子，即周携王。周携王本名姬望，是周宣王之子，周幽王的弟弟。周幽王即位后天下混乱，迫使众弟兄散居各方。姬望来到了巨鹿。

这个巨鹿可不是今天河北的一个县那么大点的地方，当时的巨鹿包括今天的河北省中南部和山西的东部。

周携王继位后，天下出现了二王并立的局面，而且局面有利于周携王。各路诸侯居然连续九年不去朝拜周平王，周平王的地位眼看岌岌可危，这九年里周平王每天都在忧虑中度过。

九年之后周平王看到了机会：周携王与晋国之间的矛盾——周携王所在的巨鹿地区恰好紧挨着晋国，晋国要想壮大发展，开疆扩土必然要碰到周携王的领地。

周平王秘密地告诉晋文侯，如果晋文侯杀掉周携王，承认周平王的天子正统身份，那么周平王就可以让晋文侯入朝辅政，并且默许晋国吞并周携王的领地。

在强大的利益诱惑面前，晋文侯突然袭击周携王，将其杀死。周携王死后，他的领地分崩离析，分散成了许多小国，逐渐被晋国所蚕食。

周平王先杀了自己的父亲取得王号，后又用卑鄙手段杀了自己的叔叔稳固了地位，这样的行为自然令其心虚，于是他利用各种手段掩盖二王并立这段历史。然而真实的历史是很难被永远掩盖住的，有一些拥护周携王的国家，比如说南方的楚国，就在自己的竹简中记录下了这段历史，对此周平王也是无可奈何。

这段叔侄之间的火并，最大的受益人是与周天子同为姬姓的晋文侯。晋文侯提升了自己在周朝中央的地位，同时周朝默认了晋国对河东地区的占领。

河东地区土地肥沃、人口众多，晋国吞并河东之后一跃成为第一流的诸侯大国。春秋时期晋国非常强盛，多次成为盟主。即使在战国时期，晋国被韩赵魏三家所分，每一家的实力也都不容小觑，皆为战国七雄之一。

而秦国则是一个间接的受益者。秦国的诸侯地位是周平王所封，如果周携王战败了周平王，周携王不一定承认秦国的诸侯身份，而周平王的胜利等于巩固了秦国的诸侯身份。

然而，周王朝的权威和荣誉再次成了这场内乱的牺牲品，自此之后，诸侯国更加蔑视周平王的权威，同时也蔑视他的继承人。

周平王在位长达 50 年之久，除了会掉头逃跑、同室操戈、自相残杀之外，几乎没有大的政治作为。而此时同周平王一起东迁的郑国逐渐崛起。

郑国国君郑庄公拥有周朝卿士和诸侯国国君的双重身份，他既把持着周朝的国政，又有自己的封国，自然会利用自己的身份，多为自己的封国提供便利条件，将国有资产转化为他的私人资产。

几经经营，郑国实力逐渐雄厚，这引起周平王深深的戒备，他希望分散郑庄公的权力。这一密谋被郑庄公得知，他马上赶到洛邑，质问周平王，周平王矢口否认此事。

为了平息事端，周平王居然提出双方交换人质，让儿子姬狐到郑国去做人质，而将庄公的儿子送到周王室来做人质。天子居然要和臣下交换人质了，天子是什么样的天子，而臣下又是什么样的臣下便可想而知了。

周平王去世后，他的孙子姬林继位，是为周桓王。周桓王也不是善茬，他起用虢公林父为右卿士，把郑庄公降为左卿士。郑庄公更加愤怒，他不敢发兵攻打周桓王，却发兵强行收割了周王属地内的庄稼。周王与郑庄公的矛盾开始摆在了桌面上，成为天下尽人皆知的事情。

周桓王继位的第三年，郑庄公入朝拜见。据说周桓王对郑庄公十分冷落，没有以应有的礼仪对待他。郑庄公大怒，拂袖而去。

周公黑肩对周桓王说："我们周室东迁，依靠的就是晋国和郑国。郑庄公又是我们的卿士，您怎么能如此对待他呢？恐怕郑庄公从此不会来朝了。"

果然不出周公黑肩所料，郑庄公从此不朝。既然已经撕破了脸，郑庄公索性开始无视周天子的存在。他与鲁桓公会面，私自将周天子赐予自己的土地与鲁国进行交换。这在当时来讲，不但在法理上不容，而且是对周桓王极大的蔑视和侮辱。

公元前 712 年，周桓王将原本属于郑国的邬、刘、蔿、邘四个封邑收为王室所有。作为补偿，周桓王以郑国当年扶立周平王有功为借口，将黄河北岸沁水之南的一大块原本属于周王室的土地赐给了郑国。

周王室直辖的土地再次缩小。周王室的土地现在本来就不多，郑国拥立周平王已经是五十几年前的事情了，而在此时以此借口赠送土地，很难说是周桓王心甘情愿的事情。

那周桓王为什么要这么做呢？

大王中箭啦

原来这些土地和郑国的领土隔着黄河，实际上和卫国与晋国更加接近，周桓王是希望以这些土地为诱饵，使郑国与晋国、卫国两国发生摩擦和矛盾，继而利用晋国与卫国的势力来遏制郑国的发展。

此时的郑庄公，虽然暂时不敢将周天子如何，但是却把气撒在了周边的宋、卫等诸侯国身上。郑国联合齐、鲁对宋、卫、蔡等国发动战争。

在公元前713年的戴城之战中，郑国军队全歼宋、卫、蔡三国军队，郑国军威大振。一年之后，郑国又出兵攻灭许国。此后郑庄公又以宋国国君不朝见周天子的名义出兵攻打宋国。一连串的军事行动使周桓王如坐针毡。

公元前707年周桓王索性免去了郑庄公左卿士的职务，将郑庄公的势力彻底踢出了朝堂。周天子与郑国之间的矛盾进一步激化。

一场大战一触即发。

明代学者李贽曾将周朝王权的衰颓表现归纳为两件事："夷王足下堂，桓王箭上肩。"周夷王下堂迎接诸侯的故事，在前文已经讲过。那么周桓王又是如何箭上肩的呢？

作为天下共主，周恒王自然习惯性地不允许自己所赐封的诸侯之间相互争斗，厮杀吞并。而郑庄公一连串的扩张行为大大刺激了周桓王，他要亲自领兵教训一下这个不知天高地厚的臣下。

周桓王将自己的军队编为左中右三军。右军由卿士虢公林父指挥，蔡国、卫国军队附属在其中。而左军由周公黑肩指挥，陈国军队附属在其中。周桓王亲自指挥作为联军主力的中军。

在周桓王想来，王师一到，郑庄公必然解甲归降，匍匐在自己的脚下。谁知道郑庄公根本没有把周桓王放在眼里，郑庄公亲自领兵，对周桓王反击迎战。

双方在繻葛也就是今天的河南省长葛市附近交锋了，史称"繻葛之战"。

郑国君臣冷静地分析周王师的排兵布阵特点，他们认为陈国此时正在搞内乱，陈国军队士气正低，应集中力量先攻击陈国军队所在的左路军，当陈国军队被击溃后，右路军中的卫国军队和蔡国军队也会溃退。这样周王室就会成为孤军，完全暴露在郑国军队面前，并且友军的溃退也会影响周王师的士气，届时郑国军队就可乘胜击败周王师。

一个叫高渠弥的大臣向郑庄公建议，改变战车的战斗队形，将以前打仗中原本躲在战车后面的步兵以五个人为一个单位，配置在每乘战车的左、右、后三面，这样可以填补战车之间的空隙，使步兵和战车相互照应，协同作战。

这是中国军事史上战斗队形的一大创新。

改变队形后，郑军的战斗力果然得到提升，伤亡也变小了。

战场上的发展果然与郑国君臣预料的一样，陈军一触即溃，连带使右翼的卫军、蔡军一齐崩溃了。周王师也紧跟着阵脚大乱。郑军开始猛攻周王师，居然连周桓王肩上都负了箭伤。

就在此时，郑庄公非常克制地下令停止战斗，因为他知道，再继续下去就真的没法收场了。他派大臣到周军大营去慰问受伤的周桓王，并当面谢罪，以此示弱，表示愿意缓和双方的矛盾。而周桓王经此大败，也知道暂时无力再和郑庄公一战，也就借坡下驴答应了郑庄公的请和。

繻葛之战使周天子颜面扫地，这次战役成为周朝天子最后一次带兵出战。自此之后，周朝天子就只敢龟缩在洛邑附近遥控天下，耍一耍嘴皮子上的功夫，再也没有实际的军事行动了，也就再也没有实际控制天下的力量了。

就这样，周王室的权威日渐衰落，不但周天子失去了对诸侯的控制，甚至连自己的领地也日渐被诸侯蚕食，到最后天子能够管辖的地区也就是洛邑附近大概方圆二百里的地方了。周王朝彻底衰落了。

而郑庄公经此一役，让天下诸侯都看到了郑国的实力。此后，诸侯有难，都是请郑国发兵援助。如北方的少数民族南下攻打齐国，齐国便请郑国出兵，郑庄公派太子救齐，大胜而归。

郑庄公的事业也达到顶峰。历史上将郑国暂时的兴盛，称为“郑庄公小霸”。

但郑国的地理环境非常不适于称霸。不管是哪个国家想要称霸，至少要有稳定的大后方，然后才有可能集中力量进取。郑国地处在中国的中心地带，四通发达，是交通要地，这种形势使得郑国四面受敌，没有后方可言。一旦郑国想要称霸，周围都是敌人。即使自己不想称霸，也会成为各诸侯国争夺的焦点。

郑庄公去世后，郑国陷入了长达二十余年的内乱，以至于兵祸连连，很快就衰落下去了。甚至到最后，只能成为大国夹缝中的受气包，苟延残喘维持自己的生命而已。

第四章 小国梦想

尊王

就在郑国霸权衰落时，在东方的齐国有一个叫作姜小白的公子悄悄地继承了齐国的君主之位。

原来，当时齐国国君齐襄公荒淫无道，政治腐败。他赏罚不明，诛杀不当，臣民人人自危，甚至连他的亲兄弟也害怕被害，纷纷逃到外国避难。他的弟弟公子纠由管仲辅佐逃往鲁国，另一个弟弟公子小白由鲍叔牙辅佐逃往莒国。

公元前 688 年，齐国发生政变，齐襄公在政变中被人杀死。齐襄公死后，齐国一时没有了国君，各派大臣都开始了策划拥立君主的活动。

齐国的大贵族国氏和高氏偷偷派人到莒国去，召公子小白回国；而此时鲁国也正派军队护送公子纠回国。辅佐公子纠的管仲害怕公子小白先回国即位，便亲率三十乘兵车前去截击。

在莒国与齐国的边境线上，管仲与公子小白的车队相遇。管仲弯弓拉箭，话也不搭，便是一箭。车上的公子小白应声倒下。管仲见自己得手，转身离开。不多时，车上的公子小白却缓缓站了起来。原来，箭正射在青铜带钩上，公子故意倒下来迷惑对方。

鲁国护送公子纠回齐国的军队听到小白已死的消息，觉得已经再没有人和公子纠争位了，便放缓了行军速度。而公子小白却加快速度，日夜兼程。终于，他在公子纠的前面赶到齐国的首都临淄，登上了国君的宝座，他就是后来鼎鼎大名的齐桓公。

齐桓公即位后，发誓要杀死管仲，报一箭之仇。同时，他还想封一直对他忠心耿耿的大臣鲍叔牙做相国，帮助他完成称霸大业。

但是鲍叔牙和管仲从小就是挚友，非常了解管仲，对他也非常敬重和爱惜。起初二人合伙做点买卖，因为管仲家境贫寒就出资少些，鲍叔牙出资多些。生意做得还不错，可是有人发现管仲用两人一起挣的钱先还了自己欠的一些债，这钱还没入账就给花了。这如果放到现在，会计上的名词叫“坐支”，恐怕离贪污罪也不远了。更可气的是到年底分红时，鲍叔牙分给他一半的红利，管仲也接受了，没有一点推辞。

这可把鲍叔牙手下的人气坏了，有人对鲍叔牙说：“他出资少，平时他开销又大，年底还照样和您平分效益，显然他是个十分贪财的人，我要是管仲的话，一定不会厚着脸皮接受这些钱的。”

鲍叔牙斥责他的手下：“你们满脑子里装的都是钱，就没发现管仲的家里十分困难吗？他比我更需要钱。我和他合伙做生意就是想要帮帮他，我情愿这样做，此事你们以后不要再提了。”

后来这哥俩又一起参军，二人更是相依为命。有一次齐国和邻国开战，双方军队展开了一场大厮杀，冲锋的时候管仲总是躲在最后，跑得很慢，而退兵的时候，管仲却跟飞一样的奔跑。当兵的都耻笑他，说他贪生怕死，领兵的想杀一儆百拿管仲的头吓唬那些贪生怕死的士兵。

关键时刻又是鲍叔牙站了出来，替管仲辩护：“管仲的为人我是最了解不过了，他家有八十多岁的老母亲无人照顾，他不得不忍辱含羞地活着以尽孝道。”

管仲听了鲍叔牙的这番话，感动地流下了热泪，他哭诉道：“生我的是父母，而了解我管仲的，唯有鲍叔牙。”

过了两年多，管仲的老母病逝，他心中没了牵挂，这才塌下心来为齐国效命，果然是比谁都作战英勇，很快就得到了提拔重用。

这次齐桓公想要除掉管仲，鲍叔牙深深知道，只有管仲出来治理齐国才能让齐国称霸，便向齐桓公举荐。齐桓公在这个方面就很大气，凡事以江山社稷为重，不但虚心接受了鲍叔牙的意见捐弃前嫌，而且拜管仲为相国。

为和各诸侯国展开竞争，管仲为齐桓公谋划，提出了“尊王攘夷”的口号。将齐国置身于诸侯老大的地位，挟天子以伐不服。所谓“尊王”就是表面上尊崇周王的权力，承认周天子作为天下共主的地位，维护周王朝的宗法制度，此举目的是在树立齐国的权威。

如公元前655年，周惠王有另立太子的意向。齐桓公召集诸侯国君于首止，与周天子会盟，以确定太子的正统地位。第二年，齐桓公因郑文公没有参加首止之会，便借口郑文公不尊敬周王，率联军讨伐郑国。

还有一次，管仲带着齐国的军队去攻打楚国，楚国慌忙派使者来问原因。管仲不紧不慢地说：“按规定，你们楚国每年都应该向周王进贡茅草，用于周王祭祀，可是你们好几年没进贡了，所以要惩罚你们。”

楚国使者听了莫名其妙，心想管仲是不是吃错药了，为了几捆茅草至于打仗吗，汉江边上不是有的是嘛，割几捆给他就是了。于是乖乖地割了几捆茅草让管仲带回去交给周王。

他哪里知道，几捆茅草虽然不值几个钱，可代表了对周王的尊崇。其他诸侯看到齐国这么为周王卖命，连几捆茅草的小事都不惜出兵打仗，谁也不敢不听齐国的号令了。

公元前651年，齐桓公召集鲁、宋、曹等国国君及周公宰孔在葵丘会盟。周公宰孔代表周王正式封齐桓公为诸侯长。同年秋，齐桓公以诸侯长的身份主持了葵丘之盟。此后遇到侵犯周王室权威的事，齐桓公都会过问和制止。

攘夷

“攘夷”则是联合中原各个诸侯国的力量，共同抵御北方游牧部落的进攻和阻遏楚国向北发展的势头，同时进攻齐国的东邻东方莱夷各小国，扩大齐国的版图。

公元前664年，北方的山戎攻打燕国，燕国赶忙向齐国求救。桓公、管仲一点也没耽误，率领军队击退山戎，救了燕国。燕国国君庄公对齐桓公十分感激，亲自送桓公归国，不觉送入齐国境内。桓公说：“诸侯之间相送不出境，我不能坏了规矩。”

于是燕国国君送到了哪里，齐桓公就将哪里的土地送给了燕国。这件事在诸侯中引起轰动，大家更是对齐桓公肃然起敬。

齐桓公之后，其他大国为了争取诸侯的领导权，在其主持会盟期间，都以“尊王室”“攘夷狄”相号召。

在随后的孔子时代，尊王攘夷被儒家吸收，成为儒家思想的重要组成部分。孔子高度评价了管仲尊王攘夷之功：“如果没有管仲，我们就要穿着戎狄的衣服，做戎狄的附庸了。人们到今天还受到他的恩赐，管仲真是仁德啊。”

“仁”是孔子评价人和事的最高概念，与孔子同时的历史人物中当此誉者也就管仲一人。可见在孔子心目中，管仲尊王攘夷的成就有多高。

其实，与其说成就“尊王攘夷”的是管仲，倒不如说是齐桓公。在王权得不到约束的专制时代，任人唯亲就成了一种无法避免的必然现象。谁不想自己身边的大臣都是自己的亲信，谁听说过把相国的重任托付给刚刚还要杀死自己的仇人的呢？雄才大略的齐桓公不拘一格，大胆起用了本当处死的管仲，终于成就了一番大业。

公元前653年，周惠王去世了。周惠王的太子姬郑害怕弟弟作乱，夺取王位，他向齐桓公请求援助。齐桓公带着宋、鲁、卫、许、曹、陈等诸侯在洮会盟，商定如何安定周王室。

诸侯在齐桓公的带领下，公推太子姬郑继位，他就是周襄王。周襄王感恩齐桓公鼎力帮助，对齐国更加依靠和顺从。

仅仅过了一年多，齐桓公又约宋、鲁、卫、许、曹、陈等诸侯国在葵丘会盟，周襄王派周公宰孔带着祭肉来送给齐桓公。齐桓公降阶而迎，要跪拜接受祭肉。宰孔说:“您年事已高，又有那么大的功劳，就不必下拜了，上堂接受祭肉就可以了。”这看似是无比的恩宠，实际上是周王室衰微，齐桓公成为霸主的征兆。

在当年的秋天，各路诸侯又在葵丘会盟，他们宣誓，凡是参加同盟的人都要言归于好，不能征战。这时齐桓公的霸业达到了顶点。

公元前649年，周襄王的弟弟果然起兵作乱。他仗着母亲的势力，串通伊川、洛水一带的戎、狄，围攻洛阳，想要争夺王位。管仲奉齐桓公的命令带兵去支援周襄王，回来不久，便病倒了。

有一天，齐桓公去探望管仲的病情，握着管仲的手说:“你的病怎么还不见好转呢？万一你一病不起，我还能依靠谁呢？鲍叔牙这个人怎么样？你看能让他继承你的位置吗？”

齐桓公心想，鲍叔牙是元老重臣，功勋卓著，和管仲私交又好，且有恩于他，他肯定会同意。不料管仲却说:“鲍叔牙是个道德高尚的人，但是您不能让他做相，管理国政。因为他老是把别人的过错记在心里。人至察则无友，水至清则无鱼。做相的人，度量不大一些怎么行呢！”

有个小人听了管仲的话马上跑去找鲍叔牙，气愤地说：“谁不知道管仲是您推荐的，可是管仲这个人却恩将仇报。国君让您做相，他却说了您一大堆坏话，我真替您抱不平。”

谁知鲍叔牙反倒哈哈大笑：“管仲公而忘私，不讲私人交情，这正是我推荐管仲的缘故。”

管仲和鲍叔牙之间深厚的友情，已成为中国代代流传的佳话。后世人们常常用“管鲍之交”，来形容自己与好朋友之间亲密无间、彼此信任的关系，成为友情的最高境界。

然而管仲的病一天比一天严重。桓公又亲自到府上探望，询问管仲有何遗言。弥留之际的管仲拉着桓公的手千叮咛万嘱托，要桓公离易牙、竖刁等小人远一点。

原来齐桓公身边有易牙、竖刁等一帮小人。易牙为了接近桓公，居然把自己的儿子煮了给桓公做鲜汤喝。竖刁为了接近桓公则自宫甘心当太监。他们在管仲在世时自知不可能兴风作浪，只是做着桓公的弄臣，为桓公找些乐子，并不敢干政。

因此桓公听说管仲让他离这些人远一点大惑不解，便问道：“易牙把自己的宝贝儿子煮熟了让我尝鲜，这么忠心耿耿的人还值得怀疑吗？”

管仲解释说：“按人之常情来看，没有不疼爱自己亲生儿子的。能忍心杀他自己的儿子，那么对国君又有什么下不得手的呢？”

桓公又问：“竖刁宁愿自宫以亲近寡人，这样的人也值得怀疑吗？”

管仲答道：“按人之常情来看，没有不爱惜自己身体的。能下狠心自残，那么对国君又有什么下不得手的呢？”

管仲不久便死去了。齐桓公遵照管仲的临终遗嘱，罢黜了易牙、竖刁。但没了他们取乐，齐桓公竟食不甘味，寝不安席。过了三年，又下令把他们都召回宫中。

第二年，齐桓公也病倒了，这些小人果然开始作乱。他们堵死宫门，不给桓公饮食，并假借齐桓公的名义发号施令，诛杀异己。

没多久，堂堂春秋五霸的老大又病又气又饿，死在宫中。齐桓公死后，尸体在床上放了六十七天居然没人安葬，以致尸体腐烂，蛆虫都爬出门外。

此后齐国陷入内乱，齐桓公的霸业也烟消云散了。

就在郑国、齐国相继称霸的时候，秦国可没有力量参与到霸权的争夺中来，甚至连生存都成了困难，始终处在朝不保夕的困境之中。秦国近期的情况究竟怎样呢？

进一寸的欢喜

秦襄公护送周平王东迁洛邑之后，带着一纸空头支票返回自己的领地，开始和犬戎作战，希望收复犬戎占领的西周故地。然而此时的他根本没有实力和众多的犬戎部落相抗衡，几场仗下来，打得他头破血流，一直没有取得真正的胜利。

秦襄公锲而不舍，连年对犬戎征战，终于有一次刚刚打到了自己岐山的边上，但是还是没有立住脚，又退回到了西垂故地。

公元前 766 年，秦襄公在一次讨伐犬戎的战斗中含恨去世。秦襄公是秦国历史上第一位开基立业的君主，也是一位雄才大略的君主，为秦国以后的强盛奠定了最初的基础。然而他穷其一生的努力，都没有使当年周平王对他的承诺加以兑现。秦国若想强大发展，还需要前仆后继的后来人。

秦襄公去世后，他的儿子秦文公继位，秦文公开启了秦国历史上的新篇章。秦文公即位之后，仍然蜗居在西垂故地，当时这里也被称作西垂宫。

泰文公在公元前 763 年带着手下七百人向东方去打猎。他是借打猎之名，沿途考察山川地理，做好向东攻击犬戎的准备。他一路行猎，来到了汧水与渭水的交汇之处，这里水草丰美，《诗经》中著名的篇章“蒹葭苍苍，白露为霜”形容的就是这里。

望着美景，秦文公感慨万千。这里是当年秦非子为周王牧马的地方。物是人非，周王已经东迁，京畿破败不堪，而祖先非子也早已入土，自己的国家虽然取得了诸侯之名，但前途未卜。

他想要赌一把国运，想要一种新的气象。于是他对大臣们说：“这里是我的祖先牧马的地方，我的祖先因为这样的功劳而被加封为诸侯，这里是我们秦人的福地。我要在这里进行占卜，看一看是否适合居住，如果适合，我就要在这里营建一座城，将秦国的都城搬到这里来。”

秦文公命令巫师进行占卜，结果大吉大利。秦文公非常高兴，马上在此筑城定居，不再回西垂故地了。

秦文公将都城搬到这里，绝非是心血来潮。和西垂故地相比，这里到岐山的距离要近得多。秦文公要在这里指挥，和犬戎进行殊死搏斗，分一个你死我活，鱼死网破。

都城建成之后，秦文公又开始建造祭祀天地的祭坛，并用牛、羊、猪三种牲畜进行祭祀，祈求上天的保佑。

秦文公在这里扎下根来努力发展生产，壮大自己的实力，这一干就是十三年。

公元前 750 年，经过秣马厉兵、励精图治的秦文公终于觉得自己有实力和犬戎进行较量了。他派出大军向犬戎的各个部落进攻。

犬戎此时果然已经不再是秦文公的对手，纷纷落荒而逃。秦文公终于将自己的领地扩大到了岐山地区。

当年周平王对秦襄公的承诺是赐给岐山以西的土地，而如今秦文公将岐山以东的土地也打了下来。为了表示自己没有野心，永远忠诚地对待周天子，他将岐山以东的土地献给了周天子，此举得到了天下诸侯的一致好评和认可。

因为秦文公知道周天子对这里鞭长莫及，这片土地早晚是自己的，土地可以献给周天子，但是人民却绝对不能放走，秦文公将周朝的遗民通通收编纳入自己的领地，让他们成为自己国家的劳动力。

大约三年后，秦文公在陈仓一带打猎，意外地得到了一块宝石，将其命名为陈宝。据说得到宝石的时候，周围的野鸡都一齐鸣叫，于是这块宝石也被称为鸡鸣神石。这块宝石到底是什么？没有人知道。总之，据说秦文公得到这块宝石之后，秦国的国运就开始昌盛了。

后人有一种分析说这块宝石很有可能是一块陨石，他在秦文公打猎的时候刚巧从天上坠落，落在离秦文公的行宫不远的地方。因为陨石坠落引起周围野鸡的恐慌所以才一致鸣叫。但不管是什么宝石，后世的人将陈宝与鸡鸣神石连在一起，将发现这块宝石的地方称为“宝鸡”。

宝鸡由此也被看作秦人的吉祥之地，发家之地。

秦文公在位四十八年去世，在古代帝王中在位时间算是很长了。秦文公在位时间长，既有利又有弊。

有利的是秦文公可以很好地将自己的政策贯彻执行下去，使秦国在自己统治的四十八年中能够得到长足的发展；而不好的方面就是秦文公的太子没有熬过自己的父亲，做了一生的秦国储君，先于秦文公去世。

秦文公立太子之子也就是自己的孙子为继承人。而秦文公死的时候，新继位的这位秦王仅仅十岁，史称秦宪公。

三父当权

秦宪公还不到亲政的年龄，就由他的母亲听政。这位太后生性柔弱，无法控制政局，只好委托秦国的三位大庶长代理国政，此三人被称为三父。这三个人都是跟随秦文公征讨戎狄的过程中立有赫赫战功的人物。若能够安心辅佐秦宪公，也不失为秦国之幸。然而此三人却依仗功勋独断专行，不把秦宪公孤儿寡母放在眼中，成了朝中的权臣。

在宪公继位的第二年，三父决定离开秦文公所修建的都城，将秦国的政治中心迁徙到平阳。在迁都平阳的同一年，三父发动了一场针对荡社的战争。

荡社是一个城邑的名字，它是亳族的聚集地。亳人是商朝人的后裔，流落到西戎地区，和西戎杂处在一起。秦人和亳人之间的战争已经持续了数百年，当年秦人的祖先秦仲就被亳人所杀。

如今亳人盘踞在西周王畿镐京附近的荡社，是秦人向东扩张的障碍。秦人必须要除之而后快。三父作为主帅征讨荡社，年幼的秦宪公也亲自参加了征讨。双方在公元前 714 年大战一场，然而两败俱伤。第二年，双方再战，亳人这次被秦人击溃，亳王落荒而逃。但是，秦国还没有力量彻底肃清亳人，荡社附近的亳人势力依旧存在。

击败了亳人之后，秦国继续东进。正在这时，在关中平原的东部，河西地区有一个小国芮国发生了内乱。芮国的太后溺爱自己的幼子，与幼子联手驱逐了作为国君的长子。周天子派军队将芮国国君接到了自己的洛邑避难。

在芮国大乱之际，秦国看准了机会，派兵进攻芮国。这是一次秦国东进的试探，然而并不算成功。芮国虽小，可毕竟已经扎根在这片土地数百年，而秦国又是劳师远征，加之西戎痛恨秦国，敌人的敌人是朋友，在秦国攻打芮国的过程中，西戎来帮助芮国，秦军只好撤走。

此后秦国休养生息了几年，在宪公十二年的时候，秦国出其不意再次攻打荡社，终于将荡社踏平，收复了西周在岐山丰水之间的土地。

一场大胜没有让秦国人高兴多久，年仅二十二岁的秦宪公无疾而终。

关于秦宪公的死因，据传是被三父杀死，因为此时秦宪公已经二十二岁，完全到了亲政的年龄，而三父又不想放权，于是将其杀害。

秦宪公死后，留下的三个孩子都很小。长子本是太子，而三父偏偏选择了最小的孩子，年仅五岁的出子继位。其用意再明显不过，出子最容易控制。

过了仅仅六年，不知什么原因，出子得罪了三父，又被三父所杀。这时他们不得已，立宪公当年的太子作为君主，此人就是秦武公。

秦武公继位之后，对三父言听计从、百依百顺。他希望积蓄力量，将来有一天能够重新夺回政权。

然而在三父的眼皮底下，任何的小动作，都有可能引来杀身之祸。经过一番筹划，秦武公决定以带兵攻打西戎为名离开首都。他主动向三父请缨，带了一支军队去攻打彭戏氏部落。而三父认为秦武公亲自征讨彭戏氏部落，就远离了政治中心，他们更可以为所欲为，于是索性就答应了。

饮马黄河

彭戏氏部落是一个盘踞在华山脚下的西戎部落，夺取了华山地区，秦国就可以饮马黄河了。这是秦国多年梦寐以求的事情。秦武公在和彭戏氏部落的战斗中十分英勇，几个回合下来，就赶走了彭戏氏部落。但是秦武公并没有回师京城，而是对三父说："彭戏氏部落虽然逃亡，但残部犹存，必须要在华山地区进行清剿。"

而这一清剿就是三年。秦武公明为清剿彭戏氏部落，实际上是在暗中积蓄力量并联系心向国君的旧臣。三年之后，秦武公凯旋。此时的秦武公已经不是当年无兵无权的傀儡君主了，他以迅雷不及掩耳之势剿灭了三父并灭其三族，重新夺回了属于君主的权力。

秦武公此后休养生息了七年时间。七年之后，他再次领兵出征，打败了周边的一些西戎部落，并且灭掉了小虢国。小虢国姬姓，是西虢国东迁之后，虢国的遗民在其土地上建立的国家。小虢国因此成为被秦国灭掉的第一个周朝系统内的诸侯国。

秦武公伐虢时，小虢国的国君很昏庸，等到秦军已经攻入其都城之下的时候，才慌忙应战。秦军势如破竹，小虢国国君被杀。秦国的势力范围终于推进到了渭水流域，把整个关中地区囊括到掌中。

至此，东到陕西华县附近，西到甘肃天水一带，都成为秦国的领地。当然在这领地之中以及周围，还分布着很多大小不同的戎人部落，但是他们已经很难与秦人相抗衡了。

秦武公对秦国历史做出了突出贡献，然而秦武公也因留下一项陋习而被后世广为诟病。自他去世开始，秦国开始实行惨无人道的活人殉葬制度。

司马迁在《史记》中记载，为秦武公殉葬的人有六十六人之多。在他之后，人殉逐代增多，如秦穆公时，有一百七十七人殉葬；而在轰动一时的秦公一号大墓秦景公之墓中，居然发现了多达一百八十六人的人殉。这一恶习流传了三百多年，直到秦献公在公元前 362 年去世时才被废除。

最近陕西考古人员发现了秦国的平阳城，此城在陕西省宝鸡市陈仓区。在离平阳城不远的地方，考古人员又发现了一座秦公大墓，根据考古勘测，此墓很有可能就是秦武公之墓，里面确实有大量人殉。

然而人殉虽然残忍，但这个账并不能算在秦武公的头上。中原地区的诸侯国，早就已经实行了人殉，而秦国才刚刚实行人殉。秦国走出游牧文化，进入奴隶制实际上相比于东方各国是要晚得多的。

人殉在我们今天看来是一种很残忍的制度，在当时却是中原礼乐文化制度的一部分。人殉制度说明了秦人正在逐渐发展，逐渐向中原文化靠拢，可以说是一种文化上的进步。

秦武公去世后，他的弟弟秦德公继位。秦德公在位两年，将国都又迁到了雍邑。以前的都城平阳处于渭河狭窄的河谷地带，而且离中原地区较远，不利于秦国的发展。而新都雍邑则在广阔的平原地带，它将成为秦国向东发展的新政治中心和策源地。

德公继位的当年，靠近黄河西岸的两个小诸侯国梁国和芮国主动来朝见德公。这两个国家的地理位置更靠近东边的晋国，而他们能够主动向西同边鄙的秦国示好，反映了此时秦国势力的发展，至少在黄河以西地区已经处在和晋国平起平坐的位置，甚至还有超过晋国的势头。

秦德公在位两年去世。他共有三个儿子，这三个儿子将在未来交替成为秦国国君，分别是长子宣公、中子成公和少子穆公。

这三兄弟是中国历史上少有的君王之家和睦相处的典范。在宣公继位之后，两个兄弟尽心竭力辅佐宣公。此时秦国已经将国界推到了华山黄河一带，三兄弟商量要东出黄河与晋国抗衡。

秦、晋这对春秋时期的欢喜冤家终于要在历史的大舞台上演出悲喜剧了。

第五章 骚动的邻居

曲沃并晋

比起秦国以战败国遗民的身份起于边鄙之地，晋国的起家可谓根正苗红。晋国的始祖是周武王的幼子，周成王的弟弟叔虞。

周武王在伐纣三年后去世，儿子周成王继位。此时的周成王还很小，由周公辅政。周成王在王宫中同自己的弟弟叔虞过家家，他将一片桐叶剪成一个玉圭的形状赐给叔虞，说要分封他为诸侯。

大臣史佚就对周成王说：“那就请择吉日举行盛大仪式来分封叔虞吧。”

周成王这下傻眼了，说：“我只是在和叔虞做游戏呀。”

然而史佚却说：“天子无戏言，陛下既然说了这样的话，就要这样去做，我就要将它记在史书中。”

成王这下子不知道怎么办了，于是找来叔叔周公商量。偏赶上此时有一个叫作唐国的诸侯国发生了内乱。唐国处在黄河和汾河之间，大约有地方百里。唐国的叛乱威胁到了周朝在河东地区的安全，于是周公率军平息了唐国的叛乱。此时唐国正好没有君主，于是周公就建议将叔虞封到唐国，叔虞择吉日走马上任后被称为唐叔虞。他的儿子继位之后，将都城迁到了濒临晋水的地方，于是就将国名改为晋了。现在太原晋祠里面祭祀的就是晋国的开国始祖唐叔虞。

周成王本是一句戏言，就因为史佚的一句话而开辟了晋国六百年江山，真是一言以兴邦。史佚可以说是唐叔虞的贵人，而他对于中国历史还有另外一个贡献。

当初武王攻入了朝歌，纣王在宫中自焚而死，武王挥剑砍下了纣王被烧煳的头颅。此时史佚正在记述历史，他抬头看到了天上的星座和月相，有工匠就将史佚所记录的天象刻在了一个青铜器上，这个青铜器称为利簋。

利簋在 20 世纪 70 年代出土，史学家破译了利簋上的铭文。经过精确的天文计算，推断出了武王克商的日期是公元前 1046 年 1 月 20 日，由此而成了夏商周断代工程的重大收获。这一巨大的历史贡献恐怕是史佚当时想不到的。

晋国因为是周成王亲弟弟的封国，而其所在的区域又在西周都城镐京与成周洛邑之间，所以在整个西周历史上都是举足轻重的国家。在周平王东迁的过程中，晋国和秦国一样，是主要的护送国。

在周平王与周携王争夺周天子正统地位的斗争中，晋文侯开始处于中立，后来帮助周平王消灭了周携王。周平王对其十分感激，此后晋国的地位更高了。

晋文侯去世后，其子晋昭侯即位。他将自己的叔叔晋文侯的弟弟成师封在了曲沃，号为桓叔。这本是一场非常正常的宗法制下的分封，没想到却给晋国国君惹来了塌天之祸。

桓叔此人很不简单，受封之后，他以自己的封地曲沃为基地，广揽贤士扩充实力，史称“桓叔好德”，晋国之众都来依附于他。而在晋国都城翼城的晋昭侯受到了桓叔巨大的威胁，双方的矛盾日益深化，甚至多次兵戎相见。

开始的时候，曲沃方面肯定不是翼城方面的对手，而且由于曲沃方面属于犯上作乱，天下的舆论以及周王室的态度都是一致支持晋国国君，反对曲沃方面。但是曲沃方面顶住了长达几十年的压力，经过桓叔子孙两三代的经营，渐渐占据了优势和主动权，晋昭侯的日子越来越难过了。

公元前 716 年，桓叔的孙子继位，号为曲沃武公。此时曲沃方面已经取得了明显的军事优势，曲沃武公加紧了对晋国国君的进攻，又经过了长达十年的斗争，接连杀死了两代晋国国君，晋国国君只能在周王室的支持下苟延残喘。

又过了二十多年，曲沃武公起兵，终于彻底消灭了晋国国君的势力，而后取而代之。这件事史称“曲沃并晋”。直到此时，分裂了将近七十年的晋国才趋于统一。

在统一之后，曲沃武公成为晋国的国君。他将晋国宗室内的各种珍宝重器悉数送给了周天子，以求获得周天子的认可。

周天子见晋国国君势力已经消亡，而且晋武公对自己还表示忠诚，也就只能顺水推舟，册封曲沃武公为晋国国君，即晋武公。

落后的好处

我们可以看到，晋国内乱的根源来源于宗法制、分封制下面大宗与小宗实力之间发生变化而引起的权力斗争。

这一情况在春秋战国时期不足为奇。当一个臣子有功于国君，国君会将自己的一部分土地分封给这位臣子。这位臣子得到土地之后，如果能够励精图治，就会实力大增。经过多年的努力，居然就能够威胁到国君，形成弱干强枝的局面。

到那时，臣子就不再甘心做臣子了，他必然要向国君索取更多的利益，当双方矛盾不可调和时，这个国家就会出现内乱。再强的霸主，一旦出现这样的内乱，消耗掉自己的实力，也会迅速衰落。

从大的方面说，周天子和各国诸侯的关系就是如此，从小的方面说，晋国的“曲沃并晋”就是其中非常典型的例子。当然，晋国的厄运并没有结束，此后居然还有三家分晋，将晋国直接灭亡，变成了韩、赵、魏三国。

反观秦国，它身处荒蛮之地，立国又较晚，它的经济制度落后于东方各国。比如当鲁国出现初税亩，有了初等的封建土地关系之后，又经过了一百六十多年，秦国才有了类似的情况。然而在政治制度上，秦国却始终没有实行过真正意义上的分封制，这使得君主总是牢牢把握着国家的权力，永远是强干弱枝的局面。

即使是偶尔出现像三父那样可以废立君主的权臣，也是通过窃取君主的权力来做这一切的，而不是真正拥有自己的权力，自己的封地，甚至自己的军队。一旦君主掌权，想要杀死他们简直是易如反掌。

如果拿后世的权臣来举例的话，秦国的权臣类似于西汉的王莽，而其他国家的权臣类似于东汉的曹操。

王莽式权臣往往本身没有自己的土地和军队，他是靠窃取君主的权力来使自己成为君主的。一旦有反抗者出现，他很难做出有效的抵御措施，这也是王莽政权很快失败的原因。

而曹操式权臣本身就拥有自己的军队和封地，拥有大量文臣武将，即使他不挟天子以令诸侯，其他的诸侯想要攻击他也非常困难，这也是曹操为何成功的原因。此后，凡是能够逼迫皇帝禅让成功改朝换代的权臣，都是曹操式的权臣。

秦国这种有功也不分封的现象，一直持续到秦国历史的结束。如在秦始皇统一六国的过程中，王翦还曾发过牢骚："为大王将，有功终不得封侯。"

当然历史是没有最佳解决方案的。任何制度都是有利有弊。如秦二世矫诏继位之后，一纸诏书就可以令公子扶苏自尽。农民起义风暴刮起后，也没有强大的藩国为秦朝拼死卖命。但是在秦国的原始资本积累过程中，这样的制度却最大限度地保障了秦国国内的稳定，保障诏令能够由秦国国君发出。

另外，当年三父之乱就是因为国君弱小。自三父之乱后，秦国吸取教训，在兄终弟及与父死子继这两种继承方式中，秦国似乎更愿意坚持兄终弟及这种方式。这在最大限度上保持了秦国始终有一个老成练达的成年君主，这也就在最大程度上杜绝了外戚专权和权臣掌控政权。因此，秦国始终没有出现可以威胁君主的权臣，也几乎没有出现可以左右政局的外戚，只有在后来秦武王意外死亡时才偶尔出现。

稳定的内政是秦国可以向东与各路诸侯争夺天下的基础，而此时秦国的对手晋国又在做什么呢？

假道伐虢

公元前677年，以下犯上、以小克大的晋武公去世，其子晋献公继位，晋献公是晋国历史上一位令人爱恨交织的君主。当时晋国的八族公子势力非常强大。晋献公深知自己家族是如何从一个小宗支派而成为晋国君主的，位置变了，是非观念自然也就变了。他绝不允许自己的家族成为先前的晋侯第二，于是他继位之后继续削弱各公子的势力。

就在此时，秦国利用晋献公正在忙着解决内部反抗力量的时机出兵征讨晋国。双方在河阳大战，即今天的河南孟州。晋军溃败，然而河阳距离秦国的领土太远，秦人认为不宜长期驻守，于是就班师回国了。

宣公在回朝之后不久便去世了。弟弟成公依次继位，然而成公登基之后便一病不起，只好将军机大事都委托给三弟嬴任好处理。不久后，秦成公去世，嬴任好继位，是为秦穆公。秦国历史终于进入第一个飞速发展的时期。

秦国军队退去后，晋献公继续“整理内务”。他对各个公子实行离间计，让他们自相残杀，待到他们都奄奄一息的时候，又将所有公子通通杀死。

就这样，晋献公稳定了晋国内部，此后便一心向外疯狂扩张。

要想扩张就必须要有军队。当时周王朝有规定，各等级的诸侯可以拥有不同数量的军队。像晋国这样的诸侯，只能拥有一军的军事力量。公元前 661 年，晋献公将一军扩张为两军，自己统领上军，让太子申生统领下军，同时出兵灭掉晋国周围的诸如耿、霍、魏等小国。

晋献公大获全胜，大大扩大了晋国的领土面积。然而此时，他犯了称霸过程中的第一个错误，将耿地分给了自己的臣下赵夙，将魏地分给了自己的臣下毕万。而这两个人一个是赵国的祖先，一个是魏国的祖先。晋献公刚刚平定了内乱，又自己埋下了以后三家分晋的祸患。

当然，当时的晋献公是看不到这种恶果的。在解决了上述三个小国之后，晋献公又将眼光投向周边的虞国和虢国，上演了一出假道伐虢的好戏。

虞国和虢国两国关系本来不错，如同同盟。晋国若想出兵袭击虢国，必须要经过虞国。若攻击虞国，虢国也会向虞国伸出援手。晋国大夫荀息向晋献公献上一策，要晋献公拿出两件最珍贵的宝物献给虞国国君，一个是屈产良马，另一个是垂棘之璧。

宝马和美玉是晋献公的心爱之物，他怎么也舍不得送人。而荀息却说：“这并不是要送给虞国国君，只是让他替咱们暂时保管罢了。等到虞国灭亡，宝物不就又回到您的手中了吗？”

晋献公一听觉得有理，于是照做。虞国国君也是一个贪财好物之辈，得到了宝物，非常高兴。这时晋国故意同虢国制造摩擦。要想找麻烦，麻烦总是有的。晋献公终于找到了讨伐虢国的借口，希望虞国借道，让晋国去讨伐虢国。

虞国大臣宫之奇再三劝阻自己的国君：“虞虢两国唇齿相依，一损俱损，一荣俱荣，我们怎能给晋国借道去讨伐虢国呢？”

虞国国君不敢得罪晋国，又收了晋国的宝物，思索再三之下，没有听从宫之奇的意见，还是将道路借给了晋国。

晋国发兵越过虞国攻打虢国，四个月的时间就灭亡了虢国。晋军班师回朝的路程中还要路过虞国，晋国大将里克将从虢国劫掠到的宝物献给了虞国国君。虞国国君大喜过望，深感自己当初的决策多么英明，晋国果然是比虢国更好的邻居。

这时，里克却突然很合时宜地病倒了，他无法再带大军回晋国了，只能在虞国的领土上休整。不久后，晋献公突然亲率大军来到虞国接应里克，晋献公请虞国国君前去打猎。在虞国国君离开京城之后，里克突然病又好了，率领大军攻入虞国国都，虞国就这样亡国了。

晋献公非常得意，但他却自此犯下了他在称霸过程中的第二个错误。

骊姬之乱

在灭掉虞国的过程中，晋国不但俘获了虞国的国君，还俘获了一个叫作百里奚的虞国大夫。百里奚是春秋时期的一位奇才，然而他的前半生甚至说四分之三生都处在颠沛流离之中。

他曾流浪过许多国家，然而没有一个国家的国君肯任用他。他在齐国游荡时，甚至做了乞丐。当他流落到宋国时，遇到了一个叫蹇叔的人。蹇叔看到了百里奚的才华，然而他也是一位躬耕于乡野的隐士，并不能带百里奚步入仕途。

百里奚对蹇叔说:“我想去齐国侍奉齐国的公子无知。”

蹇叔摇摇头说:“公子无知，这个人早晚要发动叛变死于内乱。”

百里奚听从了蹇叔的建议，没有去齐国。然而百里奚也要生存下去，蹇叔所能做的只是让百里奚帮助宋国人放牛，以此来解决百里奚的生计问题。

果然没过多久，齐国公子无知刺杀了齐襄公自立为君，不久之后又被别人刺杀，齐国大乱。百里奚逃过一劫。

此后百里奚对蹇叔非常钦佩，也就在宋国安心养了一段时间的牛。百里奚非常聪明，没过多久，就成了远近闻名的养牛能手。他听说周庄王有一个庶出的儿子姬颓非常喜欢养牛，于是就到姬颓那里，希望以自己养牛的手艺而得到姬颓的重用，进而能够发挥自己的政治才能。

姬颓留下了百里奚，并让其管理自己的牛群。然而蹇叔却说了一番泼冷水的话:“姬颓这个人才大志疏，好高骛远，早晚要叛乱。他如果叛乱，你百里奚也要受到连累，不如赶紧走吧。”

百里奚觉得有道理，于是离开了姬颓。后来姬颓果然叛乱，他驱逐了周惠王自立为天子，但仅仅过了两年，郑国与虢国的联军就进攻了洛阳，杀死了姬颓。周惠王再次复位，姬颓的亲信也跟着遇难。百里奚又逃过一劫。

百里奚更加感激蹇叔，他几经辗转来到了虞国，虞国国君任命百里奚为大夫。百里奚本以为自己可以在此施展抱负，然而谁知道虞国国君也并不是明君，虽然任用了百里奚，但对百里奚的意见并不听从。

在晋献公假道伐虢时，百里奚与宫之奇一样，也曾劝阻过虞国国君，然而虞国国君置若罔闻。宫之奇见势不妙就逃亡了，而百里奚不忍弃国君而去，最终做了晋献公的俘虏。此时晋献公并没有意识到百里奚的价值，只是把他当作一个奴隶看待。晋献公又将他的目光放到远大的争霸事业上去了。

不久之后，晋献公又犯了第三个错误，也是最致命的一个错误。这个错误不但将晋献公即将形成的霸业毁于一旦，甚至还险些国破家亡。

这个错误并不是什么对外战略战术上的失误，而是来源于晋献公自己的家庭之中，萧墙之内。晋献公的夫人是齐国的姜氏女子，为晋献公生了一男一女。男孩名叫申生，被立为太子。晋献公还有其他七个庶出的儿子，其中最有名的是重耳和夷吾，他们都有贤德的名声。

晋献公在讨伐骊戎的时候，骊戎的国君为了免受亡国之苦，主动进献一对美女姐妹给晋献公，姐姐称为骊姬，妹妹称为少姬。

骊姬为晋献公生了一个儿子，名叫奚齐。少姬为晋献公生了一个儿子，名叫卓子。姐姐骊姬最受晋献公的宠爱。在晋献公的夫人齐国姜氏去世之后，骊姬被晋献公立为夫人。

有了儿子尤其是当上夫人之后，骊姬的野心爆棚。她希望自己的儿子能够取代太子的位置，成为晋献公的继承人。但是她知道，太子申生以及重耳和夷吾等诸公子是绝对不能答应的。

为达到目的，骊姬故意离间晋献公和诸公子之间的关系。她花重金买通了晋献公跟前的宠臣梁五与嬖五两个大夫，让他们对晋献公说，曲沃是晋国的宗庙所在，最好要派太子申生去镇守，而蒲城和屈城又是紧邻狄国和梁国的要塞，最好要派重耳和夷吾去防守。

晋献公觉得有理，于是将三个贤德的儿子派出都城，晋献公身边只剩下一群小人以及骊姬一党。

申生到达曲沃之后，祭祀家庙尽职尽责。公元前656年，骊姬突然派人到曲沃向太子说："献公晚上梦到了死去的太子母亲，必须要立刻祭祀。"

太子申生不敢怠慢，马上在庙中祭祀母亲。按当时的礼节，应将祭祀的祭肉带回献给晋献公。

当时晋献公正在外面打猎，骊姬就将存放在宫中的祭肉放了剧毒。晋献公回来后，见到祭肉很高兴，他正要取用，骊姬却说："肉是从外边拿到宫中的，应当先试试毒。"

晋献公觉得是自己的太子送来的肉，怎么会有问题呢？但是既然骊姬说了这话，为解除骊姬的疑心，他索性将肉分给了自己的用人和一只狗食用。

没想到，一人一狗当即毙命。晋献公大惊失色，他万万没想到自己的太子居然会用这种手段谋害自己。他大发雷霆，下令要诛杀太子。

骊姬火上浇油，诬告重耳和夷吾也参与此事。晋献公不辨真伪，又派人去捉拿两位公子。申生闻听此事，百口莫辩，一气之下居然自杀了。重耳和夷吾闻听此事则仓皇逃奔了狄国和梁国。

突如其来的事变使得晋献公一下子苍老颓废了许多。他觉得申生的姐姐不能留在晋国了，一定要将她远嫁他国。但是嫁到哪国好呢？正在这时，自己的邻居秦国派人来提亲了。

第六章　秦晋之好

五张黑羊皮

此时秦穆公刚刚继位四年，已经散发出了一丝英武雄主的气息。就在不久前，他亲自带兵攻伐了茅津戎。茅津的位置在今天的山西省运城市平陆县，与三门峡隔河而对。茅津渡是黄河的三大渡口之一。

秦穆公的触角已经摸到了晋国的边界。他深知自己如果向东与诸侯逐鹿中原，晋国是无法迈过的门槛，一定要同晋国保持好关系，因而娶妇于晋国是不错的选择。

而刚刚经历了一场宫廷厮杀的晋献公，此时正急于摆脱太子申生自杀而带来的阴影。秦国作为自己的近邻，又是刚刚崛起的新兴国家，很有必要派出一位亲近的人打入其内部，这对于刺探秦国的情报，改善晋国与秦国的外交关系，甚至在关键时刻制止晋国与秦国的战争，或者让秦国出面帮助晋国渡过难关等都有着非常大的好处和便利条件。

于是双方一拍即合，一场著名的政治婚姻就此诞生。

晋国国君的女儿出嫁，嫁妆自然少不了，然而最贵重的嫁妆不是那些青铜、美玉、骏马、丝织品，而是一个混迹在陪嫁奴隶中的七十多岁的步履蹒跚的老头，他就是原虞国的大夫百里奚。

百里奚来到秦国，趁着迎亲与送亲的队伍慌乱之际逃走了。他逃到了楚地，继续为人放牛生活。

秦国有一个叫作公孙支的大夫，他知道当年虞国国君不听百里奚的劝告而亡国的事情，对百里奚的才华有一定了解。当他知道百里奚逃走后，就向秦穆公举荐百里奚。

秦穆公马上派人去寻，在楚国找到了放牛的百里奚。秦穆公让人带着五张黑羊皮去赎回百里奚，并叮嘱前去的人说："一定要说是我家的陪嫁奴隶百里奚，千万不要提他是曾经虞国的大夫。"

楚人一听，此人只不过是个奴隶，而且已经七十多岁了，有些老不中用，于是就答应了用五张黑色公羊皮来换。就这样，百里奚再次回到秦国。

秦穆公亲自召见百里奚，并向他询问如何能够使国家富强。百里奚摇头叹息："我只是一个亡国之臣，现在又是奴隶，哪有什么值得一国国君来向我询问的呢？"

秦穆公摆摆手说："虞国国君正因为没有听信您的话而亡国，这罪过不在您啊，就请您赐教寡人，不要吝惜。"

秦穆公与百里奚接连谈了三天，发现百里奚确实是一个难得的人才，准备授予他大夫之职。然而秦穆公还是有些疑虑，他私下里对公孙支说："如果其他的诸侯国听说我用一个仅值五张黑公羊皮的人为大夫会不会嘲笑我呢？"

公孙支一声苦笑："不是百里奚仅值五张黑羊皮，而是国君您用五张黑羊皮换取了一个大夫。这是一笔多么划算的买卖，恰恰说明了您是一位知人善任的明君。而百里奚忠诚尽心竭力辅佐您，就会使秦国国内安定，其他诸侯国对您畏惧，怎么会嘲笑您呢？”

于是秦穆公放心地任命百里奚为大夫，因为他是被五张黑色公羊皮换回来的，所以朝野上下都善意地称其为五羖大夫。“羖”就是黑色公羊皮的意思。

秦穆公将国政委任于百里奚，而百里奚却推辞起来。他说：“我的才华远远赶不上我的朋友蹇叔。如果您真的想称霸诸侯，您应当聘请蹇叔来管理国家。”

秦穆公马上派人持重金去宋国聘请蹇叔。蹇叔来到秦国之后，秦穆公拜其为上大夫委以国政。

秦国的兴起、发展以至于横扫六合统一天下，其中一个非常引人注目的现象，就是对于其他国家人才的引进和任用。秦国是一个远在西部的偏僻国家，它本身并不出产人才，却出产任用人才的君主。对秦国发展和强大起到至关重要作用的人才，绝大部分都是由外国引进而来。百里奚和蹇叔就是秦国引进的第一批人才，此后秦国国君喜好人才的名声传扬天下。

那些在其他国家不受重用，怀才不遇的人才纷至沓来，从商鞅到张仪，从范雎到李斯，秦国纳天下英才为己所用。而反观其他国家，在世卿制度和分封制宗法制的禁锢下，任人唯亲，卖官鬻爵，钩心斗角，倾轧拆台，逐渐失去了活力和生机，逐渐颓废衰落下去。而秦国终于从一个偏居西部蛮夷之地的上不了台面的弱小诸侯逐渐发展壮大，以至于吞并六国，奄有天下。

纷乱的邻居

晋献公在将女儿远嫁秦国之后，心里踏实了许多。儿子死的死逃的逃，女儿也已嫁作他人妇。在过了五年清冷的晚年生活之后，晋献公一病不起。临终前，他将太子奚齐托付给大臣荀息，希望荀息能够在自己去世后辅佐奚齐。

荀息对于晋献公的知遇之恩感激涕零，然而他一个人已经无法阻止晋国内乱的发生了。晋献公刚刚去世，尸体还没下葬，大将里克就纠集申生、重耳、夷吾三公子的党徒发难，威逼荀息废除太子，迎接重耳和夷吾回国。荀息受晋献公的托孤之恩，拼死不从。里克等人暗中收买了一个杀手，在晋献公的葬礼上将奚齐刺杀，荀息也没有追查出幕后凶手。

荀息又扶立奚齐的异母弟卓子为国君。里克、丕郑见荀息仍不肯迎请重耳与夷吾回国，居然还立了一个幼子为君，于是在大夫骓遄和屠岸夷等人的帮助下，联合攻入宫廷，杀死卓子和骊姬。据说骊姬死状很惨，是被鞭子活活抽死的。荀息也死于此乱之中，有人说是被屠岸夷杀死，也有一种说法是自杀殉国。

荀息始终恪守自己的职责，忠诚于晋献公临终所托。虽然他力挺骊姬母子的行为不一定完全正确，但是还是受到了后人的褒赞。人以“白圭之玷，尚可磨也，斯言之玷，不可为也”的诗句来称赞他。在今天的山西省临汾市乡宁老县城东十五里的柏山半腰，还有一座晋大夫荀息祠，亦称柏山庙，是一处祀奉荀息的宗祠，在山巅还有荀息的纪念冢。

几十年后，晋文公即位，虽然荀息与晋文公处于政治对立方，然而晋文公仍然为他的忠诚所感染，封荀息的后代为大夫。春秋末年，参与瓜分晋国的六家大夫中的中行氏和智氏就是荀息的后代。他们与韩、赵、魏相对抗，险些成为诸侯。

奚齐、卓子被杀后，晋国一度处于无君的混乱状态。原本晋国到了晋献公的时代已经有了称霸的实力、称霸的资本以及称霸的机遇，只因晋献公家庭内部出现问题，使晋国近在眼前、触手可及的霸业功亏一篑。

晋国的内乱使秦穆公看到了机会。

在晋献公刚刚去世的时候，秦穆公没有来得及为自己的岳丈悲伤。他的第一反应是晋国即将内乱，这是秦国挟持晋国，进而东进与诸侯争霸中原绝好的机会。

秦穆公首先将目光投向了自己的小舅子，避乱狄国的重耳。

重耳本没有继承国君地位的可能，若是扶持重耳继位，他必定会感念秦国的恩德，那时晋国岂不对秦国言听计从？于是他派公子縶去试探重耳的口风。

公子縶对重耳说："得国失国就在一念之间，虽然您重孝在身，也不可不谋啊。"

重耳身边的大夫狐偃提醒道："秦国在试探公子。公子作为逃难居丧之人，没有什么让人尊敬的东西，只有仁爱和亲情。公子父亲刚刚去世，这是何等大事。如果以此来谋取利益，那么天下人怎么看公子呢？我看还是推辞了吧。"

于是重耳很聪明地回答："君父去世不能回国尽孝已是大错，又怎敢有非分之想？"

重耳哭着向公子縶叩首而不拜谢，起身后就不再与公子縶私谈了。

秦穆公得知此事很有感叹："叩首而不拜谢，表明无争夺国君之意；痛哭流涕表明对君父的深切哀思，起身后不再与使者私谈，表明他并不私下里谋求自己的利益。重耳真是仁德的人啊。"

秦穆公又让公子縶去梁国探一探公子夷吾的口风。夷吾听说秦国公子来慰问他，真是兴高采烈。他对自己的谋臣们说："秦国人来支持我了。"

他见到公子縶便是一副媚相，接连叩首，却丝毫没有显露出父亲刚刚去世的悲伤。他对公子縶说："现在晋国朝中有很多大夫都想立我做国君，我许给了他们很多田地，这件事一准能成，希望姐夫秦穆公也能帮助我回晋国主政。秦国不是一直想得到晋国的河西之地吗？只要我做了晋国国君，马上将河西之地进献给姐夫。此事全靠公子縶您为我从中说和了。"

说着他拿出黄金白玉来贿赂公子縶。

秦穆公得知此事，对夷吾的为人非常鄙视，然而夷吾答应割让河西之地，却勾起了秦穆公极大的兴趣。

河西之地是晋国黄河以西的土地，这里虽说也属关中，却一直被晋国占据。秦穆公做梦都想得到河西，这样就可以饮马黄河，进而有机会渡过黄河与诸侯争夺中原了。

重耳的道德令人钦佩，但夷吾许下的实际利益更是让人心动。

在道德与利益面前，很少有人不选择后者，更何况那是黄澄澄的土地，能打出黄澄澄粮食的土地。秦穆公开始倾向于让夷吾回国继承国君之位。

然而秦穆公忘了问一句："不讲道德的人所许诺的好处，靠谱吗？"

泛舟之役

再来看看晋国方面。

大夫里克接连弑杀了两个国君，又逼死了晋献公的托孤大臣荀息，将晋国大权揽于自己掌中。

然而国不可一日无君，在此时有资格继承晋国国君之位的只有逃亡在外的重耳和夷吾两人。到底拥立谁做君主呢？朝中多数的权贵都倾向于拥立重耳，因为较之夷吾，重耳更加忠厚仁德。于是里克派大臣狐突前去狄国迎请重耳。

狐突不是外人，他是重耳与夷吾的外祖父，狐偃的父亲。狐突本与晋国的开国国君唐叔虞属于同一家族，只是狐突的祖上很早就沦落于胡狄部落。

晋献公有胡妇癖好，喜欢胡狄部落的女子，比如纳了骊姬姐妹。其实在纳骊姬姐妹之前，晋献公就已纳过狐突的两个女儿。一个女儿生下重耳，另一个女儿生下夷吾。狐突的儿子狐偃和狐毛审时度势，跟随了自己的外甥重耳，放弃了另一个外甥夷吾。这也从一个方面反映了当时晋国的人心向背。

狐突来到狄国说明来意，没想到外孙重耳没有表态，又是儿子狐偃首先站出来反对。他认为如今晋国上下一片混乱，里克借机执政，重耳回国不一定就能稳定住局势，有可能会再次出现血腥政变，到那时受害者就是重耳了。乱国莫入，这个时候回国，看似是利，实际是害，还不如暂且韬光养晦，观察局势，伺机而动。重耳与狐突对狐偃的远见卓识表示赞赏，再一次放弃了回晋国继位的机会。

里克闻听重耳不肯回国为君，只好退而求其次，准备去迎请夷吾回国。

夷吾得知此事，高兴得上蹿下跳。他对里克许诺，只要自己回国为君，便分给他大量的土地。当然，此事还要得到夷吾的姐夫秦穆公的首肯。秦穆公得到了夷吾割让河西之地的许诺，自然支持夷吾回国。于是在秦国大兵的簇拥之下，夷吾回到晋国，继承了晋国国君之位。夷吾便是晋惠公。

晋惠公继位后，马上就换了一副嘴脸。他派大臣丕郑到秦国向秦穆公致谢，但是对答应割让给秦国的河西之地只字不提。至于许诺给里克的那些土地，更是没有了下文。里克在言谈中表现出了不满。

此时晋惠公已经坐稳了位置，对里克这样的权臣自然动了杀心。他派人包围了里克的府邸，传话给里克："若非有里克大夫您支持，我是不能回国为君的。但是您接连弑杀两位国君，逼死一位大夫，您说让我怎么办呢？"

里克一听长叹道："欲加之罪，何患无辞？"说完拔剑自刎。

解决掉里克，晋惠公便可以为所欲为了。他借铲除里克余党之名，大杀朝臣。不光里克的余党，还有申生的余党、重耳的余党，只要没同他站在一队的大臣一律铲除。这其中就有大臣丕郑。

丕郑被杀后，其子丕豹只身逃往秦国。他劝秦穆公出兵伐晋，一方面夺取晋国河西之地，一方面为自己父亲报仇。

对于晋惠公的出尔反尔，秦穆公也十分反感，早就想找机会出兵伐晋，教训一下自己这个背信弃义的小舅子。然而在冷静地分析了秦晋关系之后，秦穆公觉得晋国毕竟是大国，秦国在实力上处于弱势，而晋惠公答应割让河西之地，既无正式的凭据可依，又损害晋国的根本利益，若真以此与晋国交恶，甚至与其开战，并不能在晋国取得舆论上的优势，于是秦穆公只能自认上当受骗，吃亏是福。

秦穆公把黄连水咽进了肚子里，自认吃了哑巴亏，然而这却让晋惠公更加嚣张，得出了“秦能奈我何”的结论，从此更不把这个姐夫放在眼里。

没想到天算不如人算。过了没有多久，晋惠公就来求姐夫了。

晋惠公继位后，晋国连年灾荒，逐渐消耗完了粮食仓储。公元前647年，晋国又发生了大灾荒，粮仓终于见了底。晋国人勒紧裤腰带还是不能渡过难关。关键时刻晋惠公又想起了西边那个姐夫。他厚着脸皮向秦穆公借粮。

秦穆公召开会议，商讨向晋国借粮一事。蹇叔与百里奚都认为在天灾面前，政治应退居次席，主张向晋国施以援手。丕豹、公孙支等人则认为晋惠公缺仁少义，寡廉鲜耻，这样的狼崽子绝不可救。丕豹甚至因父亲死于晋惠公之手，偏激地认为此时正是伐晋良机，不但不应借粮，反而应该发兵。

秦穆公思忖再三，说了一句非常难得的话：“晋惠公行事固然有错，晋国百姓又有什么错呢？”

是啊，即使晋国发生再大的灾荒，晋惠公也不会饿肚子，最终忍饥挨饿的，还是晋国的老百姓。想通了这一点，秦穆公表示全力支持晋国赈济救灾工作。

秦国派出了大量的运输船只，运载着上万斛的粮食，从秦国首都雍城出发，沿着渭水一路向东，渡过黄河进入汾河，一直抵达晋国都城绛城。在连绵数百里的水道上，白帆舟船首尾相接，形成了一道壮丽的风景线。当时的人们从来没有看到过这样大规模的航运，将其称为“泛舟之役”。

这一事件因是中国历史上第一次有明确文献记载的内河航运运输而永载史册，与其一起书写在丹青之上的，还有秦穆公面对邻国灾荒所表现出的赤诚之心和伸出的援助之手。

失马捉国君

秦穆公帮助晋国渡过了难关。没想到第二年，晋惠公报恩的机会就来了。

这一年秦国发生了大灾荒，而晋国却取得了大丰收。秦穆公派出使者出使晋国，向晋惠公请求援助一些粮食。晋惠公与大臣商量对策，朝中大臣很快分为两派。

以庆郑为首的一派人认为秦穆公不计前嫌，在晋国山穷水尽之际施以援手，如今遭遇灾荒，晋国理应报恩。以虢射为首的另一派人则认为，晋国没有割让河西之地给秦国，已经得罪了秦国，两国早晚会因河西之地兵戎相见。那就不如得罪到底，省得给秦国以喘息之机。

这一派人的观点很明确：既然已经贴上了无赖的标签，就不如耍赖到底。哪一派人的意见更能使晋惠公入耳入心，自然不言而喻。晋惠公断然拒绝了秦穆公借粮的请求。

然而此次自认为聪明的晋惠公失算了。秦国仅仅是经受了一年的灾荒，远没到当年晋国山穷水尽之时。秦穆公向晋国借粮，并非秦国不能自己渡过难关，在很大程度上，秦穆公是想试探一下晋惠公的态度，同时也给晋惠公设下一个局。如果晋惠公不借粮食，那么舆论就将倒向秦国一边。

结果晋惠公一下子就露出了自己的本来面目。他的所作所为不但让秦国上下义愤填膺，就是晋国人也愤愤不平，深为自己国家有这样的君主而羞耻。先前晋惠公悔约，不割让给秦国河西之地，虽然是不讲信义，却维护了晋国的根本利益，大多数晋国人从心底还是支持的。而这一次，晋惠公拒绝秦国借粮的请求，却使得晋惠公在自己的臣民面前大失人心。

秦国在遭遇灾荒之后的第二年就恢复了元气，秦国上下已是一片群情激奋，秦穆公正好利用这一舆论优势，亲自带兵攻打晋国，教训一下那个顽劣的小舅子。

秦国虽是战争的发动方，却占有出师有名的主动，晋国士兵虽是保家卫国，在与秦国交锋时心中却有说不出的惭愧和恐惧。其所带来的结果就是秦军锐不可当，三次接触都把晋军打得大败，秦军长驱直入，攻到晋国腹地。

晋惠公这下慌了手脚，他召开紧急会议，询问大臣如何处置眼前的情况。庆郑毫不客气地说:“国君的作为加剧了敌人的怨恨，怎能不被动挨打？事到如今，臣也无可奈何，您还是问问虢射吧。”

晋惠公一听恼羞成怒，他要亲自率领兵车抵挡秦军。接下来要占卜谁适合与晋惠公同乘一车保卫他的安全。占卜结果令晋惠公颇为尴尬:庆郑大吉大利。庆郑刚刚嘲笑了自己，怎能托付重任？晋惠公没有遵从占卜的指示，另选他人上了自己的战车。

人选有了，还要参谋合适的“马选”。究竟哪四匹马可以幸运地为国君拉车呢？晋惠公挑选了四匹来自郑国的小马。郑国马来自中原，不但比晋国所产的马匹矮小还不熟悉晋国山地作战环境，晋惠公用人不当，用马也是失策。

庆郑实在看不下去，跑过来提醒晋惠公，是不是换四匹晋国的原产马？晋惠公看着庆郑就别扭，若不是大敌当前估计早已拿其开刀，还哪里听得进去他的建议呢。

就这样晋惠公带领他的战车部队浩浩荡荡地开拔了。晋惠公与秦穆公这对恩怨国君在一个叫韩原的地方相遇了。

关于韩原的准确位置，长久以来人们一直尊崇司马迁的观点，认为韩原在黄河以西的陕西韩城。但是近年来这一说法受到挑战，认为韩原不可能在黄河以西，应在黄河以东的山西。一是《左传》中已经明确说明秦军已经渡河；二是根据晋惠公的强烈反应来看，秦军已经攻到晋国腹地。若是秦军仅仅攻到陕西韩城，远离晋国国都千里，晋惠公似乎没有必要亲征御敌。

两军相遇，一场恶战。

秦军孤军深入在实力上处于劣势，但在士气上却压着晋国一头。晋国人数众多又是本土作战，实力明显占优，但是士气不足。实力与士气相互抵消，秦军与晋军杀得难解难分。

关键时刻，晋惠公又露出了贪财好物的本性。身为全军最高统帅，他居然带领数辆战车离开自己的大军，到秦军阵地去抢夺财物。结果郑国的马匹不熟悉环境，将晋惠公的战车拉入泥潭，怎么也出不来了。

这样的机会秦穆公怎能放过，他率领战车迅速将晋惠公这一小股人马包围。恰巧庆郑就在不远处，晋惠公高喊庆郑救驾。庆郑却说："不信占卜，不纳良言，你这又怪得了谁呢？"说着转身逃走了。晋惠公气得大叫，发誓若侥幸逃脱一定要杀了庆郑。

然而晋惠公又错了。庆郑并非真的逃走，而是到大部队去搬救兵。转瞬间，庆郑带着晋军又将秦穆公反包围。战场真是瞬息万变，晋惠公与庆郑里应外合，战局迅速向不利于秦军的方向转变，秦穆公甚至还负了伤。

就在此时，战局再次扭转。不知从哪里冒出三百多名勇士。他们杀入战团，拼死营救秦穆公。此时秦国大军也赶到了，战场一片混乱，晋军渐渐不支。秦穆公居然稀里糊涂地指挥了一次围点打援之战。反包围的晋军始终没有冲入秦军的包围圈，处于包围圈核心的晋惠公也始终没有冲出去，最终做了秦穆公的俘虏。国君被俘，晋军瞬间溃败，秦军取得了韩原之战最终的胜利。

战斗结束后，秦穆公询问那三百多勇士的来历。原来他们是来自骊山脚下的三百多个农民。曾有一次，秦穆公走失了一匹心爱的马，那匹马被这些农民捉住。他们不知道是国君的马，将其杀死准备吃掉。追马的官吏尾随而来，见到国君心爱的马已经成了香喷喷的马肉，就将这三百多人捉起来准备治罪。

秦穆公得知此事说道:“有德行的人不因畜生而杀人。马死不能复生，我听说吃马肉不喝酒不利于身体健康，还是赐给他们一些美酒吧。”

这些农民死中得活，对秦穆公感恩戴德。此次听说秦穆公率兵伐晋，特意赶来助战。秦穆公丢失了一匹马，却因此而捉住了一个国君。

秦晋之好

秦穆公押解着晋惠公凯旋。一路上秦穆公盘算如何处置晋惠公。他的本意是将晋惠公作为牺牲祭祀祖先和神灵。但是秦穆公发现队伍的后面尾随着很多晋国大臣。他们一路号哭，祈求秦穆公释放自己的君主。

这一幕让秦穆公有所触动。秦穆公想，晋国是大国，综合国力远超秦国。只是因近年来内乱不断加之君主昏聩，秦国作为晋国的姻亲和邻居才有了可乘之机，甚至可以左右晋国政局。晋惠公还没有完全沦落到众叛亲离的地步。若是就此处死晋惠公，势必与晋国结下死仇。晋惠公的儿子继位后势必要为父报仇，晋国人认为国君被抓被杀是莫大的侮辱，也会同仇敌忾，到那时岂不是失去一个盟国换来一个仇国？

正在秦穆公左右为难的时候，自己的妻子、晋献公的女儿派使者从国都赶来面见秦穆公。使者带来夫人的口信："天降灾祸，让我的娘家和夫家兵戎相见。如果我的弟弟晋惠公受到伤害，我也不活了，夫君你看着办吧。"

秦穆公这下子吓坏了，说道："我本以为为国家赢得了一场胜利，结果闹得家宅不宁，这样的胜利还有什么意义呢？"

但是堂堂秦穆公总不能因为一个女人的原因释放敌国国君吧？晋惠公居然成了烫手的山芋，想吃吃不到，想扔又不忍心。正当秦穆公犯难的时候，周天子的使者很合时宜地赶到了。使者传达了周天子的口谕："晋惠公是周天子的同姓诸侯，看在祖先都是周武王的份上，还请秦穆公饶了晋惠公吧。"

秦穆公正在寻找这样一个台阶，更何况这个台阶还能做一个顺水人情。他马上宣布："秦国向来遵从周天子的权威，周天子发话，当然要按旨意去办了。"于是定下了释放晋惠公的基调，但具体的释放条件还要再谈。

经过一番讨价还价，最终定下两个条件：第一，将晋惠公曾经许诺的河西之地划归秦国版图；第二，晋惠公的儿子，晋国的太子圉要来秦国做人质。

仔细想来，这两个条件都不过分。河西之地本是秦国应得的土地，而且经韩原一战，河西之地本身就在秦国控制之下。让太子圉来秦国做人质也是因为晋惠公屡次出尔反尔，毫无信用可言。太子圉来到秦国后，秦穆公对其并无虐待或者怠慢，反而将自己的女儿怀嬴嫁给他。

秦穆公希望秦晋之好能在下一代传承下去。

晋惠公回国后，心中憋着的怨气一股脑发泄出来。他首先将庆郑拘捕，定成死罪。平心而论，庆郑虽然在言语间经常冒犯晋惠公，但是所作所为算得上晋国忠良。晋惠公被俘后，晋国一片混乱，庆郑本有机会亡命外国，甚至可以到狄国去投奔重耳，但是他没有那么做，一直待在国内等待晋惠公对自己的处分。即使面对被处死的命运，他也没有太多怨言，仅是引颈就戮而已。

处置了庆郑，晋惠公又将怒火烧向重耳。他认为在自己被俘期间，国内有一大批人希望自己被杀，以便迎请重耳回国，况且如今自己在晋国威严扫地，挺重耳派更是蠢蠢欲动，有重耳逃亡在外，终究是自己的威胁。于是他派出杀手潜入狄国，准备寻机刺杀重耳。

晋惠公猜得不错。晋国朝廷上下有很多重耳的支持者。晋惠公寻机刺杀重耳的消息不胫而走，很快被重耳得知。此时重耳已在狄国渡过了十二年流亡生涯。如今连这种寄人篱下的生活都不能再过，重耳和他的团队再次登上逃亡之路。

晋惠公回国后的第二年，晋国再次发生灾荒。秦穆公对以前晋惠公的所作所为既往不咎，再次派出船队向晋国提供了大量粮食救援。秦晋真的算是重归于好了。

不知是晋惠公良心发现，还是实在无力折腾，此后的几年晋惠公老实了许多，安安稳稳地发展国内生产，希望弥合长年累月政治混乱给国家带来的内伤。

数年后，晋惠公病危，政治形势在此时又起了变化。身陷秦国为人质的太子圉闻听君父病危心急如焚。他倒不是关心父亲的病情，而是害怕一旦父亲病故，自己又身处国外，容易被其他公子得了可乘之机，篡了他的储君之位。

太子圉偷偷与怀嬴商议，想带她一起逃回晋国。处在父亲与丈夫之间的怀嬴左右为难，最后说道：“我若与你逃回晋国，便是对不起父亲，我若到父亲那里告发你，又对不起你。我既不告发你也不随你去，你自己走吧。”

太子圉秘密潜回晋国，在晋惠公去世后登上晋国国君之位，即晋怀公。

太子圉的担忧与逃离毫无必要。一旦晋惠公去世，秦穆公出于国家安全与利益的考虑，一定会全力支持自己的女婿太子圉成为晋国新任国君。秦穆公完全有能力决定晋国国君的废立，其他公子想要逆天改命难上加难。接下来的事实证明了这一点。太子圉出逃并坐上晋国国君后，秦穆公对自己女婿的行为非常不满，他决定扶持那个逃亡在外的重耳，把原本给予太子圉的一切，全都给予重耳。

第七章 争霸之路

老公子重耳

当年重耳逃离狄国后，数年中周转各国，酸甜苦辣咸，尝尽了五味。如他在卫国没有受到卫文公的礼遇，而在卫国的乡野间陷入困顿。他甚至要向乡人野佬乞食，乡下人随手向他扔过一块泥土。

重耳大发雷霆："这是要让我吃土？ "

狐偃赶紧阻拦："这是上天在赐给您土地。"

重耳转忧为喜，拿着泥土走开了。

同样一种遭遇，以不同的角度去看待，以不同的心态去接受，往往会有不同的结果。

重耳来到齐国，此时正是齐桓公垂老之年。齐桓公身为春秋霸主，他给了重耳优厚的物质待遇，并以齐国宗室之女嫁与重耳为妻，然而就是无法满足他宏大的政治抱负，毕竟重耳这样的英才一旦回到晋国，并不是齐国之福。齐桓公希望重耳在温暖安定的生活享受中慢慢忘记晋国。

重耳的团队看在眼里，急在心上。在一次宴会上，重耳喝得酩酊大醉。随从们将重耳扔上马车，一溜烟逃离了齐国。待到重耳醒来时，他又不得不继续面对颠沛流离的流亡生涯了。

此后重耳又相继去了曹国、宋国、郑国和楚国。在楚国，他收到了姐夫秦穆公的邀请函。

楚人待重耳不薄，相别时重耳许诺："若是自己能够成为晋国国君，一旦在将来的某一天，晋楚两国因无法回避的原因而不幸开战，晋国一定首先退避三舍以报楚国之恩。"

重耳来到秦国，秦穆公首先将太子圉的妻子怀嬴赐给重耳为妻，算是报复太子圉的第一步，同时也是控制重耳的第一步。怀嬴本是重耳的侄媳妇，按照伦理，重耳本不应接受，但是重耳要比太子圉聪明得多。如今，他所能依仗的只有秦国，绝不可在此时违背秦穆公的意愿。

重耳不但接受了怀嬴，还表现出对与秦国联姻非常重视。他让本已来到自己府第的怀嬴暂且回家，自己备下厚重的聘礼，按照周礼的规矩亲自去迎娶。这样的做法秦穆公自然高兴，更加认可重耳，并决心帮助他回国夺位。在经历了十九年的流亡生涯后，重耳在秦穆公重兵簇拥之下，再一次踏上故国土地。

晋怀公国君的宝座还没有坐热，就听说秦国大兵压境，自己的叔叔来与自己争位了。晋怀公父子两代在晋国的口碑本身就不是很好，重耳却颇得人心，再加之有秦国鼎力支持，晋怀公无力招架。重耳很顺利地夺位成功，成为晋国新任国君，即春秋五霸之一的晋文公。

受够了政治迫害的晋文公继位后，同样毫无心慈手软。他马上派人杀死自己的侄子晋怀公，斩草除根，永绝后患，然后在朝堂上将晋惠公、晋怀公的势力涤荡干净。直到此时，自晋献公末年开始，持续二十多年的晋国内乱告一段落。此时的晋文公已经是一位六十二岁高龄的老人了，已经没有时间再等待，他果断地开启了称霸快车，要争分夺秒，将逝去的光阴弥补回来。

在等待晋国称霸快车发动提速的时候，我想回头重新审视一下十九年前狐偃阻止重耳回国继位的建议。

因晋惠公、晋怀公二世而亡，晋文公经历磨难回国后成为霸主，世人都将狐偃的建议称作明智之举。但晋惠公之亡、晋文公之兴有多大程度上源于晋惠公争先回国继位？可以说几乎无关。

如何开始并不重要，重要的是在过程中做了什么。若晋文公当时捷足先登，抢先回国继位，励精图治以成霸业又有何不可？结果在外流浪十九年，且不说耽误了国家发展良机，就连自身生命安全也时刻不在自己的掌握之中，直到熬白了头发，将近古稀之年方才回到原点。在当时的历史条件下，又有几个人能够活到六十二岁？由此可见，狐偃当初的谋划不见得那么高明，晋文公的励志故事不过是历史的侥幸罢了。

晋文公肃清了国内反对势力，将目光向南投向了中原。此时周王室正在经历王子带之乱。王子带是周惠王之子，周襄王之弟。他带领狄人军队攻打哥哥周襄王，将周襄王赶出洛邑，自立为周王。

周襄王命令秦国与晋国发兵勤王。这样的好机会秦晋两国都不想错过。然而，秦国离中原较远，秦穆公尚未渡过黄河，晋文公已先着鞭，率军南下扛起了齐桓公“尊王攘夷”的大旗，迈出了霸主宏业的第一步。晋国军队兵分两路，一路负责保护周襄王，一路负责迎击叛军，最终将王子带俘获。

周襄王不想背上杀弟之名，但也绝不想王子带活在世上。晋文公心领神会，处死了王子带。晋文公好人做了，恶人也做了，但无论好人恶人，都是周襄王喜欢的人。晋文公这样的功勋，周襄王无以为报，便将周王室本来就不多的土地又割让给晋国一些。这些土地地处黄河以北，太行山以南，大概相当于今天河南焦作的位置。因地处太行山的南坡，晋人称之为“南阳之地”。有了这部分土地，晋国向南争霸就更加方便了。

眼见着晋文公不但名声大振，还得到了实实在在的土地，秦穆公心中颇不如意。他蠢蠢欲动也想参与到诸侯争霸中，然而晋国牢牢锁着秦国东出的路线。晋文公刚刚继位，两国又亲上加亲，秦穆公也不便在此时同女婿翻脸，于是他决定暂时不东进，而是转向南，与楚国掰一掰手腕。

三幕剧

楚国同秦国一样，本不属于正统的华夏族。在中原诸国来看，如果说秦人是西方的戎狄，那么楚人就是南方的蛮夷。楚国在商代就存在，后来投靠了逐渐兴起的周朝，并参加了灭商战争，因功被封为子爵，正式成为周王朝的诸侯国。

初期的楚国积贫积弱，只占有国都丹阳附近的弹丸之地。在西周二百多年间，因地处南方荆棘之地，周王朝控制力量薄弱，楚国借机大肆发展，兼并周围小国，逐渐壮大。对于楚国的发展，周王朝也曾遏制，周昭王甚至曾经亲征楚国。然而在渡过汉水之时全军覆没，并死于汉水之滨。经过这次打击，此后周王室深感对楚国鞭长莫及，也就逐渐将遏制停留在口头警告上，等于任由其发展了。

到了春秋之后，楚国已经成为中国南方江汉流域巨无霸般的存在，而周王室势力日减，对楚国甚至连口头警告也说得颤颤巍巍，大部分时间则仰仗于其他强大的诸侯遏制楚国。此时的楚国国君已不满足于自己仅仅是一个子爵爵位。公元前 704 年，楚国国君熊通向周天子讨要更高级爵位，在遭到拒绝后，熊通干脆自称为王。楚国是第一个自称为王的诸侯国。当时周天子也不过是称为周王而已，楚国国君要与周天子平起平坐了。

楚国与秦国一个在南，一个在西，原本风马牛不相及，差着十万八千里。但在楚国不断发展壮大的时间段内，秦国也在不断发展壮大，渐渐地两个国家越靠越近，大有接壤之势。在两个大国之间，存在着一些小国作为缓冲地带。

这些小诸侯国为了自己的生存“朝秦暮楚”，时而接受秦国的保护，时而又认可楚国为宗主国。在这种摇摆与争夺中，矛盾产生了。

如在今天的河南淅川、内乡一带，在春秋早期存在着一个小诸侯国鄀国。鄀国始终在亲楚还是近秦的问题上摇摆不定。就在晋文公勤王的那年秋天，秦穆公决定先拿鄀国开刀，一来扩大秦国的领土，二来试探楚国的实力。

秦穆公将秦军开拔到鄀国境内，鄀国马上向楚国求援。楚国闻讯派遣申公斗克与息公屈御寇火速提兵救援鄀国。

若这支楚军到达鄀国，劳师远征的秦军将面临楚鄀两国联军的威胁，情况对秦军非常不利，必须要采取特殊手段才能取胜。秦穆公决定不再力克，而要智取。

鄀国有两大据点，一为商密，一为析邑。秦军先假装去攻打析邑，并假装攻下析邑，俘获了很多俘虏。这些俘虏实际上都是秦人假扮。秦军带着俘虏包围商密，商密的鄀人果然以为析邑已经失落，士气逐渐瓦解。

到了夜晚，守城的鄀人发现，“楚人”又出现在秦军的营地，他们与秦人歃血为盟，高歌痛饮。鄀人以为楚人已经和秦人和解，心中最后的寄托也没了，顿时斗志全丧，开城投降，实际上那些楚人也不过是秦人扮演的罢了。

直到秦人智取了商密，楚国的援军方才赶到。但此时楚军仍不知商密已落入秦人之手。楚军在商密城下扎下大营，对城中的“鄀人”毫无防备。谁知这些“鄀人”实际上是秦人所扮演。秦穆公一声令下，“鄀人”袭击了楚国大营，楚军全军被俘。

秦穆公以一场完美的三幕剧，结束了这次南征之旅。这场大剧看得各诸侯国目瞪口呆，楚人恐怕要回味很久才能完整地梳理剧情线索。而晋文公则对秦穆公的自编自导自演拍手叫绝。他得出两个结论：第一，楚国看似强大，实际并不可怕；第二，秦穆公是个有能力的盟友，能合作要合作，不能合作也尽量不要与之为敌。

挑战霸主

在得出这两个结论之后，晋文公开始加速了他的称霸道路。他在中原到处挖楚国的墙脚，恨不得将所有楚国的同盟国都拉到自己的阵营来。

地处中原的宋国，本是一大诸侯国。宋襄公还曾试图称霸，但在泓水之战中被楚国击溃。宋国被迫向楚国屈服，成了楚国的势力范围。然而宋国并不甘心，此时宋国是宋成公为国君，他见晋国强大，决定依靠晋国的力量摆脱楚国的控制。晋文公自然乐见于此，表示全力支持宋国抗楚。楚成王见宋国背叛自己，勃然大怒，决心教训一下这个立场不坚定的盟友。

公元前632年，以楚国为首的多国联军发动对宋国的攻势。单单一个楚国，宋国便不是对手，更何况是多国联军。宋国马上向晋国求援。晋文公认为这是扬名立万的好机会，绝不可坐视不理。

当年晋文公流浪各国的时候，宋国曾赠给他马匹。晋文公便以报答宋国赠马的恩情为名，决定起大兵救援宋国。其实晋文公在流亡期间，楚国给予晋文公的施舍更多，晋文公为何不提这一点呢？可见报恩只不过是为了出师有名罢了。这场战役名为救宋，实为确立中原霸权。

楚国、晋国都心知肚明，这场战争谁取得胜利，谁就将成为新的霸主。

在晋国与宋国之间，还隔着卫国与曹国两个小国。这两个小国都与楚国结盟，晋国救宋，必须先要踏过这两个小国。曹国国君曹共公与晋文公有些小过节。当初晋文公流落到曹国，曹共公曾偷窥晋文公洗澡。

晋文公于是便以曹共公当年曾偷窥自己洗澡为名表示要征讨曹国。晋文公将晋军主力开到卫国边境，向卫国借道去征讨曹国。晋文公的老爹晋献公当年就使用过假道伐虢的手段，卫国人哪里肯上当，誓死不借道。晋文公也不恼怒，不借道正好，正有了打你的借口。

晋文公率大兵渡过黄河，袭占了卫国的五鹿，与卫国正式开战。卫国不堪一击，很快被晋国控制。当初卫国农民曾送给逃亡中的重耳土块，狐偃将其解释为赠送给重耳土地。如今这一预言似乎得到了灵验。

踏过卫国，面前就是曹国。与卫国相比，曹国的抵抗能力稍强。偷窥晋文公洗澡的曹共公是个猥琐卑劣之人。如今战场上与晋文公相遇，曹共公使用的仍然是下三烂的手段。他将阵亡的晋国士兵尸体悬挂在曹国国都城头。他认为晋军投鼠忌器，害怕伤到战友的尸体，一定就不敢攻城了。

然而魔高一尺道高一丈，若论玩弄卑劣手段，晋文公似乎也不是外行。曹国都城外都是曹国人的坟茔。晋文公命人向城内喊话，如果不归还晋国士兵的尸体，晋军就要刨曹国人的祖坟了。这下打到了曹国人的七寸上，他们只好将晋军士兵尸体规规矩矩装入棺材，再恭恭敬敬送出城外。

晋军开始猛烈攻城，曹国人无力阻挡，城破投降。曹共公做了晋文公的俘虏。

此时楚国联军也在宋国都城外浴血奋战，宋国岌岌可危。晋文公踏过了卫国、曹国，眼看就要与楚国交锋，心中反而不安起来。以晋军一国的力量有没有把握打败楚国联军？毕竟晋国刚刚从内乱中恢复，大病初愈，经不起再次折腾，这一战只能胜利不能失败。如果要有齐国、秦国这一东一西两个盟友助战，胜利的希望就大多了，然而齐国、秦国会出兵帮忙吗？

这时大夫先轸为晋文公献计：让宋国人带着厚礼去齐国、秦国求援，使两国答应向楚国求情罢兵，而楚国一定不会罢兵。这时齐国、秦国已经收了宋国的重礼，又被楚国折损了颜面，一定会恼羞成怒，发兵帮助我们攻打楚国。

果然一切同先轸设想的一样，齐国与秦国接受了宋国的重礼后，派员去楚国调停此事。楚国对齐国与秦国的调停置若罔闻。齐秦二国随后放弃中立立场，与晋国结成联盟共同来救宋国。其中秦穆公派出儿子嬴慭（即小子慭）为特使，率领秦军赶往战场。

楚成王见到晋、齐、秦三国组成联盟，战场形势已经发生逆转，于是命令前方统帅子玉率楚军主力迅速撤出宋国，退到申地（今河南南阳附近）静观其变。

而子玉却认为将在外君命有所不受。战场时机瞬息万变，应加紧攻势，一举拿下宋国。于是他不但不撤出战场，反而要求楚成王为其增兵。

楚成王此时犹豫不决，他既没有向子玉下达撤兵的死命令，又没有全力增兵支持子玉，而是给子玉派去了少量的老弱残兵。这种做法无疑既给前方的子玉传达了错误的信号，又没有有效增加子玉的军事实力，等于将前方的楚军推向了火坑。

退避三舍

正在前线的子玉并没有觉察到自己的危险处境，他仍然为与晋国的决战制造着舆论环境。

他派使者到晋国营地，向晋文公提出双方罢战，并同意不再为难宋国，但前提条件是晋国吐出占领的曹国与卫国的土地。

子玉放出的和平信号看似友好，实际上包藏祸心。如果晋国同意停战条件，曹国、卫国会对楚国的复国之恩感激涕零，宋国也会感谢楚国的不杀之恩，但是晋国此次劳师远征，却什么好处都没有捞到。

如果晋文公不答应子玉的条件，则曹国、卫国会切齿痛恨晋国，宋国也会怨恨晋国好大喜功，放着白白到手的和平不要。总之不管答应与否，楚国都会在人心向背与舆论倾向上占据主动。

晋文公真是左右为难。最终他想出一步妙棋。索性不与子玉谈和平条件，而是私下里答应曹国、卫国复国，但前提条件是两国必须同楚国绝交。同时晋文公扣留楚国使者，以此挑衅子玉，希望子玉主动出兵，这样就将进一步取得“被迫应战”的舆论优势。果然，子玉见晋国扣留自己的使者，曹国、卫国又同晋国眉来眼去，他逐渐丧失了外交谈判解决争端的信心，自持武力强盛，率军扑向晋军。

子玉一出兵，他已经输了一半，这正是晋文公想要看到的一幕。晋文公对手下的将军和士兵说“当年我在楚国曾经同楚国约定，如果两国迫不得已发生战争，我将退避三舍，以报楚国的厚待，如今正是时候。”

晋文公命令晋军迅速向后撤退三舍之地。每舍是三十里，共主动退让九十里，到达城濮一带集结待命。晋文公退避三舍，一来是争取舆论主动，将战争的所有责任推给楚国；二来以避楚国锋芒，消耗楚国锐气，同时让楚军骄傲；三来是激励本国士气，因为晋军士兵都认为晋国之君躲避楚国之臣是奇耻大辱，一定要以一场大胜洗刷耻辱；四来也是等待秦国、齐国等盟军陆续集结。

退避三舍的计策起到了奇效，楚军果然尾随而至，彻底陷入战略战术上的被动。但此时，晋国方面在兵车数量上仍处于劣势。晋国有兵车七百乘左右，加上齐国、秦国等盟国，也不过一千乘，而楚国方面兵车达到一千五百乘，战争的胜负还未尝可知。

那一天是公元前 632 年 4 月 4 日，中国古代史上或许也是世界古代史上最大规模的兵车战爆发了，双方集结的兵车达到两千多乘。晋文公见到楚军右翼是陈、蔡等小国的兵车，于是让自己的左翼部队将驾车的战马蒙上虎皮，集中全力向着楚军右翼冲锋陷阵。陈、蔡等小国哪见过这样的阵势，队形很快被冲散，被晋军分割歼灭。

见右军丧失，子玉心中有些着急。此时与楚军左军交锋的晋国右翼军开始出现撤退的迹象。子玉急于扳回一阵，传令左军加紧对晋国右军的攻击。不料这又是晋军的计策。突入晋军阵地的楚军左军，陷入重重包围，很快也被晋军吞灭。此时战场局势已发生急剧逆转，楚军由以前的绝对优势兵力，变为仅剩中军孤军奋战，而晋军两翼此时已成包围趋势向楚军中军绞杀过来。子玉见势不妙，只能率领中军迅速后撤，脱离战场。

万幸，子玉最后的果断终于保全了中军，避免了全军覆没的下场。战败后，子玉没有颜面回国再见楚王，只得自杀谢罪。

晋国联军虽未全歼楚军，但已取得决定性胜利。晋文公带着大量的战利品向周天子献捷，进献所俘获的楚国兵车一百乘，步兵一千人。为了表彰晋文公的功勋，周天子加封晋文公为“侯伯”，也就是诸侯的领袖。

不久之后，晋文公又在温地会盟天下诸侯，连周天子居然也屈尊离开洛阳渡过黄河参加会盟。

天子离开京城同诸侯相见是不合周礼之事。为了能让这件事在礼法上说得过去，周天子兴师动众到会盟地点的周围去狩猎，然后很巧合地赶上了会盟，顺便友情参与了一下。

此次会盟，晋文公是当仁不让的主盟人，晋文公也由此为标志，正式成为春秋霸主。晋文公短短数年就从一个到处乞食的落魄公子，成为让周天子都要受其驱使的霸主，秦穆公看在眼里，羡慕在心。他多么希望台上主盟的那个人是自己。然而他清楚自己国家的实力还远远不够，现在还要同晋国结盟，尽可能地掩盖自己的称霸野心，等待一个对的时机。

烛之武退秦师

晋文公似乎非常陶醉于他在会盟台上主盟的情景，甚至有些上瘾，他希望多多会盟，将自己春秋霸主的戏份做足，毕竟他已经是古稀年纪，时不我待。就在城濮之战的第二年，晋文公又派出使节，召集天下诸侯会盟了。周天子去年已经狩猎过一次，为了避免天子经常到处去狩猎的尴尬，这次会盟的地点选在了洛阳城内的翟泉。秦穆公派出小子慭作为代表，参加了这次诸侯峰会。大会除了歌功颂德吹吹拍拍之外，还是有实在议题的。晋文公策划和与会各国结成同盟，共同讨伐郑国。

郑国怎么得罪了晋文公？晋文公大概抛出了两个理由。

第一个理由叫作“无礼于晋”，当年晋文公还是那个到处流浪的公子重耳的时候，曾经到访郑国，但郑国国君没有看出这个落魄公子将来还能有何发展，于是对他非常怠慢。

第二个理由叫作“贰于楚”，也就是说郑国在晋楚争霸的过程中，倾向于楚国，反对晋国。一次站错队可以原谅，两次站错队，那就不能容忍了。

当然这些理由都是借口，至少仅仅是表面的理由。晋文公伐郑的实际目的是因为郑国地处中原，占领郑国便可以在中原设置一个军事基地，在此练兵养马，到时候有哪个诸侯国胆敢不服从晋国的权威，自郑国直接派兵去征讨，要远比自晋国翻山越岭劳师远征容易得多。

晋文公抛出这个议题后，对此表示强烈兴趣的诸侯国就是秦国。秦国希望借助同晋国一道在中原征伐的机会，在中原诸侯国之中刷一刷存在感，树立一些权威。于是秦穆公亲自带兵，随同晋文公一起，杀奔郑国而来。郑国的领土大概在今河南郑州附近地区。晋军驻守在函陵（今河南新郑市以北），秦军则驻守在汜南（今河南中牟县以南）。两国军队将郑国都城围得风雨不透，郑国已到了灭国的边缘。郑国大臣佚之狐向郑国国君郑文公说:“晋秦两国联军来征伐我们，都是晋文公的主意，想要说服他撤兵很不容易，当下只要能说服秦穆公撤兵，这样晋军孤掌难鸣，也就只能撤退了。”

“秦军舟车劳顿，千里来袭，那么谁有这样的辩才，能够说服秦穆公撤兵呢？”郑文公忧虑地说。

“只有烛之武可以”，佚之狐建议道。

烛之武是一位七十多岁的年迈老者，一生怀才不遇，据说仅仅做了一个看马的小官。这样的人能办成如此大事吗？郑文公有些怀疑。但事已至此，只能死马当活马医。

烛之武见到郑文公，听说了详情，反而推脱起来:“老臣在壮年之时尚且不如别人，今已黄土没了脖颈，还能为国家做这样的事吗？国君还是另请高明吧。”

烛之武显然对他一生在郑国的遭遇并不满意。郑文公也听出了烛之武的话中话，深表歉意地说:“寡人用人不明，没有及早重用老人家，危急之时才来向您求助，这是寡人的过错。但是如今郑国处在灭国的边缘，覆巢之下岂有完卵？国家亡了，对您也没有好处啊，还请老人家为国操劳。”

烛之武点点头答应了。到了这天夜里，城里的人用一条绳子将烛之武坠下城去，烛之武悄悄来到秦军大营，要求面见秦穆公。

烛之武对秦穆公说:“晋秦两国联军征伐郑国，郑国已处于灭国的边缘，但是我却并不恭喜您。郑国灭国对您又有什么好处呢？

“郑国同秦国有千里之遥，中间隔着很多国家，您觉得秦国能够越过其他国家占领郑国这块土地吗？恐怕到时候得实惠的只是晋国一家而已。您白忙活了半天，最多只是增加了邻居晋国的实力，而邻居的实力加强了，就等于秦国的实力削弱了。

“晋国国君向来是什么样的作为您不是不知道的。当年晋惠公许诺割让给秦国土地，转脸就不认账，还要同秦国交战。晋国对秦国的领土始终垂涎，只是如今他们专注于东线作战，才把秦国拉来做炮灰。一旦他们在郑国得手，返回头来就要夺取秦国的土地，这恐怕不是你所愿意见到的。倒不如留下郑国，让郑国成为秦国在东方的朋友，贵国使臣行走中原，路过郑国的时候还可以歇歇脚。”

一番话点醒梦中人，秦穆公觉得烛之武说得非常有道理，不能做让晋国得利却有损秦国的事，于是秦穆公同郑文公结盟，并留下杞子、逢孙、杨孙三位大夫帮助郑国守城，自己择日起兵回国了。

第八章　西戎霸主

蹇叔哭师

秦国同郑国结盟并撤出战场的消息马上传到了晋国大营。晋国君臣上下对秦穆公的做法非常不满。晋国大夫子犯向晋文公建议，立即追击秦军，趁秦军撤退之际，狠狠教训一下这个不守信用的盟友。

晋文公生气归生气，但头脑还是很清醒的。他知道秦军撤退必有防备，若是此时攻击秦军，不但捞不到便宜，郑国还会趁机出城参战，到时候就轮到自己陷入腹背受敌的境地了。

思前想后，晋文公对群臣说：“想当年如果不是秦穆公送我回国，也不会有我的今天，更不会有晋国的今天，恩将仇报视为不仁。一旦两国开战，到那时不但郑国攻不下来，还必然失去秦国这个盟友，那就得不偿失了。既然秦国已经撤军，我们在这里也是徒劳无益，我们也回国吧。”于是晋国也撤兵回国了。

晋文公回国后不久，便怀着没有攻占郑国的遗憾去世了。晋文公的太子欢继位，是为晋襄公。晋文公的去世让秦穆公看到了希望，霸主一死，晋国的霸权必然衰落，这正是秦国取而代之的时机。然而该在何处破局，秦穆公一时还没有主意。

没想到，晋文公刚刚死了不到一年，秦国的机会就来了。郑国人让秦穆公当初派驻在郑国都城的大夫杞子掌管郑国国都北门的钥匙。杞子秘密向秦穆公报告，若是秦军偷袭，他将在郑国国都北门开门迎接。

秦穆公得到这个情报两眼放光，他考虑的和当初晋文公相同，若是拿下郑国，就可以在中原派驻军队，就近发兵讨伐诸侯，这岂不是称霸中原的捷径？他马上命令大将孟明视、西乞术、白乙丙带领兵车三百乘，秘密偷袭郑国。

蹇叔得到这个消息，赶紧出来阻拦。他对秦穆公说："此事万万不可行。秦军偷袭郑国，要路过晋国的领土崤山。若是向晋国报告，便没有了秘密可言；若是不向晋国报告，晋国也不可能不知道。到时候晋国就会以秦国入侵领土为借口寻衅，同样不可能偷袭郑国。即使侥幸通过晋国，距离郑国还有很远的路要走，也不可能不被郑国或其他国家察觉。所以所谓的'偷袭'是根本行不通的，还是不要去冒这个险。"

然而人见利而不见害，鱼见食而不见钩。此时的秦穆公满脑子里都是拿下郑国之后的好处，他根本听不进去蹇叔的忠告。

在出征的那一天，军队在国都东门外集结，而蹇叔则跑到军队前哭泣，并对孟世明说："我现在能眼睁睁看着大军出发，却再也看不见大军回来了。"

秦穆公听到这样的话十分不满，甚至认为蹇叔是在阻止他的霸业，他对蹇叔骂了一句非常难听的话，大概意思是："蹇叔啊，你是老糊涂了吧。你的年龄太大了，你要是在该死的时候就去死，你坟墓上的树都合抱粗了。”

面对秦穆公的一意孤行，蹇叔也只能无奈地摇摇头。

蹇叔的儿子也在出征队伍之中，他哭着对儿子说：“晋国人必定在崤山设下埋伏，攻击我军，崤山有南北两座高峰，你们必死其间，到时候我再到那里为你收尸吧。”

犒赏敌军

孟世明、西乞术、白乙丙带领着秦军，驾驶着三百乘兵车出发了。当年晋国与楚国城濮大战，拿出全部家底，才集结了七百乘兵车。对于秦国一个新兴国家来讲，三百乘兵车恐怕是秦国所能派遣的最大兵力了。这支秦军蹑足潜踪驱过了崤山，还真是天大的幸运，居然真的没有被晋国发现。后方的秦穆公得到这个消息，长出了一口气，他认为这次幸运之神选择同秦国站在一起。然而就像蹇叔所说，即使侥幸未被晋国发现，当这样一支军队出现在中原的大地上，也很难不被郑国或其他国家发现。

当秦军经过周朝都城洛阳北门时，战车上除了赶车的人，其他士兵都要下车脱下头盔向天子致敬。但这并非是因他们心中对周天子多么敬重，只是碍于礼数，走个形式而已。这些士兵刚刚下车，十分潦草地摆个动作，又一跃上车而去了。

当时周襄王的孙子王孙满年纪尚幼，他在城头目睹了一切，便对祖父周襄王说：“秦国军队此次出征要大祸临头了。他们举止轻浮而无礼，轻浮则少有谋断，无理则不庄重严肃，他们已远离国家进入危险之地，却表现出一副满不在乎的神情，这样的轻敌骄兵，怎么会不失败呢？”

秦军继续前行，到达了滑国地界（今河南偃师附近）。正巧一位叫弦高的郑国商人准备到洛阳去做生意，他和秦军碰了个满怀。弦高想方设法一打听，原来秦军是奔着自己的国家郑国来的。弦高吓了一大跳，郑国此时可是一点防备都没有。他赶紧先拿出四张熟牛皮作为礼物献给秦军，随后派人火速回郑国通风报信。

孟明视等人收了弦高的礼物，就召见弦高。弦高带着十二头牛进入秦军大营，对孟明视等将领说："我国君主知道贵军长途行军要经过敝国，特意派我前来犒赏三军。敝国虽然贫穷，但是只要您的将士在这里驻扎一天，我们就提供一天的给养，郑国士兵还会保卫各位的安全。"

弦高的话虽然好听，但这就是春秋战国时惯用的外交辞令，他的意思就是委婉地说我们郑国已经有了准备，你们想要偷袭是不可能了。

孟明视等人怎能不懂这个，他们开始犹豫，还要不要去袭击郑国？

此时弦高派回国通风报信的人也已经到达郑国国都。如今的郑国国君是郑穆公，郑穆公听到弦高的预警，就派人到那三位秦国大夫的馆舍去看个究竟。他们发现馆舍里的秦人已经全副武装，磨利了兵器，喂饱了马匹，单等里应外合。

郑穆公便派人到馆舍去下逐客令："诸位秦国的大夫们在这里住的太久了，我们郑国贫穷，已经供应不起大家粮食了。为了大家离开的时候能有干粮，我们郊外有猎场，你们就把那里当作秦国的猎场，去猎取一些麋鹿路上充饥用吧。"

秦国的三位大夫一听此言，便知道军机已经泄露，他们灰头土脸地逃走了。

驻扎在滑国的秦军将领孟明视等人得到这一情报，知道内应也已经失败，秦军已经不可能攻打郑国了。此时秦军骑虎难下，进退两难。进军不可能取胜，退军又无法向国君交代。

经过商议，他们想出了一个折中的办法：滑国实力弱小，又近在咫尺，不如攻灭滑国再撤军，也算对国君有个交代。结果没招谁没惹谁的滑国成了大国之间博弈的牺牲品，莫名其妙地被秦国灭亡了。

滑国国君至死都不明白，到底哪里得罪了秦国？滑国的财宝、俘虏装满了秦国的兵车，他们浩浩荡荡地得胜回国。

既没有打恶仗使军队受到损失，又取得了一定战果，可以和国君有个交代，此次出征虽然不算顺利，但还算说得过去。最重要的是，终于可以回家与家人团聚了，秦国将士自上而下，都顿感一阵轻松。

然而他们不知道，死神的镰刀就在不远处等着，准备收割他们的生命。

崤之战

秦军灭亡滑国，等于将秦军东征的消息昭告天下。此事在诸侯间引起轩然大波，特别是霸主晋国，对此非常不满。

一来，前两年晋国、秦国曾联合攻打郑国，秦国背信弃义率先撤兵，而如今秦国居然独自派兵偷袭，显然是想独吞郑国，对此晋国不可能没有想法。

二来，秦国出兵，一定要经过晋国领土。晋国却没得到任何通报，这其实已构成对晋国的侵犯，不但让晋国因此蒙羞，也让晋国看到了秦国是潜在的威胁。

三来，秦国偷袭郑国失败之后，居然顺道灭了滑国。如此灭国大事不提前与霸主商议，这分明是没把霸主晋国放在眼里。更何况滑国是姬姓诸侯国，同周天子同姓，也同晋国同姓，此事就更加不能容忍。

于是晋国朝堂上充满了要同秦国开战的声音。大夫先轸是主战派的代表。他认为秦国不听蹇叔的劝阻，好大喜功，劳民伤财，这是上天将秦国军队作为一份大礼送给晋国。敌人不可纵，纵敌则生患，天命不可违，违背天命则不吉祥，所以一定要讨伐秦军。

当然对于是否同秦国开战，也有不同的声音。大夫栾枝认为，先君晋文公承受秦国恩惠，秦国又与晋国是同盟国，两方还是世代姻亲，秦国的做法虽然有待商榷，但是并没有直接攻击晋国，晋国应利用外交渠道向秦国提出强烈抗议，对秦国给予警告就可以了，如果贸然开战，恐怕既违背先君晋文公的意愿，还会失去一个盟国，增加一个敌国，实在是得不偿失。

应该说，栾枝的观点是理性正确的。但是，晋襄公和多数大臣们的大脑都已被愤怒所占据，很少有人能像大夫栾枝一样，客观分析战争的利弊。最终，晋襄公还是做出了在崤山伏击秦军的决定。

晋襄公派先轸为主将，率军渡过黄河，在崤山一带设置埋伏，布下口袋阵，单等秦军来钻。秦军东进时，是一个偷袭的猎手，如今西归时，已成为别人偷袭的猎物。然而秦军可没有好心的“弦高”来通风报信，他们稀里糊涂地进入了晋国的包围圈。

崤山一带山峰叠置，沟谷纵横，森林茂密，山路蜿蜒，是绝佳的伏击战场所。秦军经过长途跋涉，早已疲劳过度，一个个无精打采。过了崤山不远，即将到达秦国领土，将士们都觉得即将到家，也逐渐放松了戒备。然而接下来的事情，不幸被蹇叔言中了。就在此时，晋军突然从四面八方杀出，打了秦军一个措手不及。秦军虽然被动，但作战却非常英勇，这也使得秦军死伤严重，最终全军覆没，孟明视等将领被擒获。

崤之战是一次完全的歼灭战，这在春秋战国史上并不常见。秦军连一匹马、一只轮子都没有返回秦国，可以说完败。然而作为军事上胜利一方的晋国，在政治上也是得不偿失。三百乘兵车数目虽然巨大，但是秦国还是可以慢慢从战争创伤中恢复的。而秦国同晋国的关系，却永远不可能恢复了。晋国从此失去了秦国这个盟友，秦晋两国从此世代为仇敌。秦国将展开一系列报复行动，让晋国永无宁日。很可惜，此时的晋国君臣，除了大夫栾枝等少数人看得明白其中的道理，大部分人连同晋襄公一起，还沉浸在胜利的喜悦之中。

晋军凯旋回到都城后，孟明视等俘虏被作为战利品进献到晋文公的灵柩前。按惯例，他们将作为祭品被杀死。幸好晋文公的妻子是秦穆公的女儿怀嬴，她在礼法上也是晋襄公的母亲，相当于晋国的“太后”。她想要解救孟明视等人，就对晋襄公说：“孟明视等三人战败，我的父亲对他们恨之入骨，还请你释放他们三人回国，让我的父亲将他们处死吧。”

晋襄公不辨真伪，释放了三位秦国将军。大夫先轸得知此事，马上对晋襄公说：“这样是放虎归山，纵敌为患，秦国国君秦穆公是明君，不但不会杀死孟明视等人，还会让他们带兵来找晋国寻仇，到那时可就不好对付了。”

晋襄公也恍然大悟，马上派大夫阳处父去追杀孟明视等人。然而还是晚了一步，当阳处父带着追兵追到黄河岸边，孟明视等人已经上船，飘荡在黄河河面上，过了河就将回到秦国领土。阳处父急中生智，解下一匹拉车的马，对着河中的船喊话，说是奉国君之命，要赠送给孟明视一匹战马，请他们上岸受赏。

明明是临时在车辕上解下一匹马，却说这是国君的赏赐，孟明视看在眼里，心中便明白了八九分。他在船中拜谢道：“承蒙贵国国君不杀之恩，我回国后，即使因罪被我国国君处死，在九泉之下也感念晋国国君的大恩大德。但我若侥幸被我国国君赦免，三年之后，我将亲至贵国，向贵国国君当面拜谢。”

这话说得好听，而它的真正含义是：“我回国后若不被处死，三年之后我将领兵前来报仇，你们做好准备吧。”

孟明视的话虽然说得硬气，但他心里也不能确定回国之后秦穆公将以怎样的态度对待他们几个败军之将，而且是全军覆没的败军之将。大概率上他们将如同当年楚国的子玉一样，没有机会再次率兵到晋国一雪前耻。

他们可能会被当作罪大恶极之人，成为秦国宗庙之中的牲祭。他们也可能会沦为奴隶，终其一生做着苦工，甚至子孙后代都不能翻身。即使是秦穆公念在他们过往的功勋，最好的结果也是废为庶人，成为秦国一个普普通通的老百姓，怎么可能还有机会继续做统领千军万马的将军呢？

我发誓

孟明视、西乞术、白乙丙三位光杆司令垂头丧气地来到秦国都城之外，令他们完全意想不到的是，秦穆公浑身上下穿白戴孝，站在城外迎接他们。

秦穆公哭着对他们说："寡人当初一时糊涂，没有听从蹇叔的劝告，致使我军全军覆没，还让几位将军蒙受耻辱，这都是寡人一己之错，和几位将军有什么关系呢？还希望几位将军以后能与寡人同心同德，励精图治，为死去的将士报仇。"

接下来，秦穆公当着所有将士，做了一次慷慨激昂的演讲。秦穆公做了自我批评，并发誓为阵亡将士报仇。这次演讲的内容被保存在《尚书》中，称作《秦誓》。在这篇誓言中，秦穆公所做的自我批评，对于今人仍有很多教育意义和启发价值。秦穆公说：

我的士兵们，请大家不要大声喧哗，你们听着，我向你们发誓。古人曾经说，一意孤行的人，早晚要遭受失败。可人们总是善于责备别人，却不善于责备自己。从谏如流，那是多么难的事情啊。如今我的心中非常悲痛，这件事我后悔莫及，曾经的时间不可能再重新回来。从前我同大臣们商议国政，却不喜欢听到不同的声音。从今往后，我要将大臣们当作亲人一样看待。一件事情即使有了主张，也要征求老臣的意见，思忖再三，杜绝政策上的失误。如今国家遭受危难，皆是由我一人所致，将来国家一定会复兴繁荣，这份担子也由我一人来挑。

秦穆公作为一国之君，虽然也会犯错误，但在遭受重大失败之后，能够将失败的责任主动承担起来，团结大臣，鼓励将士，并将整个国家的未来扛在肩上，实在难能可贵，这也是秦国在秦穆公手上能够繁荣昌盛的原因。

崤之战之后的第三年，即公元前625年，秦国的国力稍稍有了恢复，孟明视主动向秦穆公请缨，希望兴兵伐晋，以报崤山之仇。秦穆公对孟明视的壮志非常赞赏，当即下令再次以孟明视为主帅，西乞术、白乙丙为副将，率秦军主动攻伐晋国。

面对来势汹汹的秦国哀兵，晋襄公笑道:“孟明视此次攻伐是兑现前言，来拜谢我的不杀之恩了。”

晋国便以先且居为主将，赵衰为副将率兵迎战。先且居认为，与其等着秦国攻入国境，不如拒敌于国门之外。于是他指挥晋军挥兵西进，秦晋两军在彭衙（陕西省白水县一带）相遇，此战被称为彭衙之战。

双方在旷野上排列阵势，先且居手下有一将领名叫狼瞫，他对主帅讲:“先前您认为我无能，对我罢黜不用，今日就请您让我打头阵，试一试我是否无能。”

说罢带着一百余敢死队，径直突入秦军阵营。秦军此次为报仇而来，虽说哀兵必胜，但没想到晋军中竟有这样不要命的将领和士兵，秦军阵脚顿时出现混乱，先且居抓住时机，挥戈进攻，晋军居然再一次大败秦军。那位英勇的狼瞫将军，在此次战斗中身负重伤，没过多久便去世了。

这年冬天，晋襄公再次以先且居为大将，并与宋国、陈国、郑国军队组成联军，攻伐秦国，并取得胜利。

自崤之战至今，秦晋两国三次交锋，秦国皆告败北。但是秦穆公屡败屡战，他再次任命孟明视为主将，率军攻晋。与先前不同的是，此次攻晋，秦穆公亲自在军中督战。更令晋国人感到惊讶的是，秦军渡过黄河之后，毅然决然地将船只全部烧毁，准备拼死一搏。

晋襄公看到秦军破釜沉舟，知道这次秦军是来同自己玩命了。如果两军贸然接战，胜负难料。于是他下令各地晋军闭门不出，坚守不战。

秦军在晋国国土转了一圈，到处寻机开战，却没有找到好的机会，仅仅占领了几个小城邑而已。但是无论怎么说，这一次晋国的势头终于被秦国给压下去了，秦军虽然没有多少战果，却也算是得到了一场胜利。

秦穆公知道，久在晋国境内，不但得不到多少好处，还有被晋军偷袭的危险，于是他下令在茅津渡渡过黄河，来到昔日的战场崤山。

当年崤之战结束后，大量秦军士兵的尸体就暴露在山谷之中无人收敛，狼拉狗咬，日晒雨淋，如今已成了一堆堆的白骨，好不凄惨。秦穆公下令将这些可怜的白骨好生安葬，并杀牛宰羊，举行盛大的祭祀仪式，为阵亡将士招魂。秦穆公率领将士身穿素服，在崤山整整哭了三天，这才班师回国。

然而秦穆公在这场战争中得到了什么呢？充其量仅仅是心理安慰而已。

秦国虽然取得了胜利，甚至令晋国胆怯地高悬免战牌，但是晋国也因此毫发未损。秦国仍然没有打开西出函谷关的通道，仍然被晋国牢牢地困在崤山以西，仍然不可能堂而皇之地去参加中原的争霸，可以说秦国的战略目的并没有实现，秦穆公还是那个牢牢地被晋国困在抽屉里的人。

不但如此，秦国甚至失去了当年对晋国的控制。以前秦穆公还可以左右晋国国君的废立，但如今，晋国日益强盛，中原霸主地位也很牢固，秦国在与晋国的关系中越来越处于劣势。在这种不利的情形下，秦穆公是时候要做出战略转移了。

秦穆公的霸业愿望就像一颗深埋地下的种子，在因遇到顽石而没有破土成功的时候，他果断地转向了另一个方向。

称霸西戎

秦国的西部是一片广阔寂寥的土地，在这片土地上没有周朝分封的诸侯国家，有的仅仅是互不统属的西戎部落。这些部落虽然强悍，曾经逼迫周王室东迁，也曾经给秦国的祖先带来无尽的麻烦，但是秦国就是靠同他们抗衡逐渐起家、发展、壮大，秦人对他们非常了解。

如果不能向东冲出崤山以争天下，那么向西开地，吞并西戎诸国，不也是一种称霸的选择吗？秦穆公退而求其次，将战略经营的重心转向了西方。

偏巧此时西戎最强盛的绵诸国的首领派遣大臣由余访问秦国。开始时，秦穆公并没有将一个戎国来的使者放在眼中。他向由余炫耀秦国的富有，展示秦国的宝物，想以此震慑由余，进而震慑西戎诸国。

没想到由余在参观了秦国的宝物之后，故意装作不解的样子对秦穆公说:“国君治国如此奢侈，搜刮民脂民膏，怎么不以为耻反以为荣呢？”这句话一下子说得秦穆公无地自容，他见识了由余的厉害。

这个由余可绝不是不通教化的戎人。由余本来是晋国王孙，系晋国开国国君唐叔虞的十五世孙，论起来还是周武王的后代。因当初曲沃武公同晋国公室反目，相互征伐，由余这一支王孙在晋国无法生存，才逃离祖国，远避到西戎荒凉之地。

但由余深懂中原礼乐文化，又足智多谋，很快受到西戎绵诸国首领的重用，成为绵诸国举足轻重的大臣。此次由余出使秦国，也是有备而来，主要想探一探秦国的虚实，摸一摸秦国的底细，是否有攻伐西戎之意。秦穆公轻视了由余，贸然在由余面前炫富，被由余问了个哑口无言。

但在这一时刻，秦穆公再次展现了他的优点。对于这个有些放肆的戎国使节，他丝毫没有生气，而是马上改变态度，请教治国之道。

秦穆公问道:“我常听到古代君主得国和失国的故事，但是并不懂得其中的道理，请问他们得国或失国的原因是什么呢？”

“据外臣所知，都是以简朴得国，以奢侈失国。”

“寡人愿闻其详。”

“以前的尧帝，他的领土非常广大，南到交趾，北到幽都，东到日出之处，西达日落之所，然而他却用粗糙的陶器吃饭饮水，这样一来，天下没有不臣服的。舜帝接受了尧帝的天下，他开始用漆器作为器皿，这样就比尧帝奢侈多了，天下也渐渐有了不服从归顺的诸侯。后来的夏朝、商朝国君越来越奢侈，天下叛逆的人也越来越多。所以我说节俭才是治国的灵丹妙药，而奢侈则是治国的鸩酒毒药。”由余接着解释道。

说者无心，听者有意。既然简朴可以得国，奢侈可以失国，那让绵诸国首领奢侈起来不就离失国不远了吗？秦穆公心中渐渐有数了。

等到由余告辞退下后，秦穆公对身边的人说：“我听说过这样一句话‘邻国有圣人，敌国之忧也’，由余就是绵诸国的圣人，放他回去必然是我们的劲敌，一定要留住他。同时还要让绵诸国首领的生活越来越奢靡，到那时我得到了圣人，而绵诸国内部却出现了混乱，此消彼长，我们还有什么理由不能打败西戎呢？”

一位叫“廖”的内史向秦穆公献策：“我听说绵诸国荒僻简陋，他们从来没听到过美女婉转的歌喉，更没有看到过美女妙曼的舞姿，我们不妨将由余扣押在秦国，并向绵诸王赠送美女。到那时绵诸王必定对由余心生怀疑，不会再采纳由余的建议，同时绵诸王沉迷于酒色，我们再去进攻，绵诸国就不攻而破了。”

秦穆公依计而行。他精心挑选了十六名美女，派遣内史廖将她们送往绵诸国，并对绵诸王谎称，由余思念故国，想在秦国多待上一段时间。绵诸王见到美女，都没有认真听内史廖的请求，便胡乱答应了。

绵诸国本是游牧民族，需要不停地逐水草而居，放牧牲畜。但是自从绵诸国王得到这十六名美女，他天天在大帐中同美女们高歌痛饮，哪里还受得了迁徙劳顿之苦。部落的牛羊牧草供应不足，刚刚一年的时间，就死去一半。

而这一年中，秦穆公待由余甚厚，不但经常向他咨询国事，在生活细节上也关心得无微不至。秦穆公多次劝由余留在秦国，但由余无法跨过自己良心那一道关，不愿无缘无故背叛绵诸国，多次向秦穆公请求回国。

在滞留秦国一年多后，秦穆公终于答应放由余回国了。由余回到绵诸国，见到绵诸王每日醉生梦死，不理政务，部落死气沉沉，牛羊瘦弱不堪。他赶紧向绵诸王进谏，希望绵诸王能重新振作起来。然而由余在秦国滞留一年，绵诸王已不再信任他。此后绵诸王仍然我行我素，绵诸国逐渐衰落。

由余本是华夏族出身，还同周天子有血脉关系，流落到西戎本是当年逃难迫不得已，如今看绵诸王如此昏庸，他终于说服了自己，逃离西戎，回到秦国。秦穆公大喜，马上拜由余为上卿，委以国事。

由余久居西戎，对西戎的一切都了如指掌。他投秦给西戎带来灾难性的后果。他带领秦军出兵讨伐西戎，首先征服了绵诸国，活捉了荒淫无道的绵诸王。秦军继而迅速兼并十二个西戎国家，秦国向西开辟数千里的土地，秦穆公成为西戎霸主。

秦穆公称霸西戎，间接上为当年的周幽王报了仇，周天子对此非常欣赏，派遣召公前往秦国，赐给秦穆公金鼓，承认秦穆公西方霸主的地位。秦穆公的霸业达到顶峰，成为春秋五霸之一。

秦穆公虽然始终没有将自己的势力扩展到中原，更别说当上中原霸主，但是东方不亮西方亮，他称霸西戎，开地千里，为秦国的后继者留下了一个牢固而稳定的大后方。秦穆公也因此成为秦人心目中的英雄。

第九章 中衰中兴

赵盾上位

称霸西戎似乎使得年迈的秦穆公心中紧绷的那根弦稍稍松懈下来，就像一位病重的老人在实现了一个重大愿望之后所出现的情况一样，执掌了秦国国政三十八年的秦穆公，溘然长逝了。

秦穆公去世后，为他殉葬的人达到一百七十七人。这些人并不都是奴隶，其中有很多的贵族和大臣，如被秦人称为“三良”的三位贤才，也为秦穆公殉了葬。秦人对此感到惋惜，于是吟出一首诗来名叫《黄鸟》，这首诗因保存在《诗经》之中而得以流传至今：

交交黄鸟，止于棘。谁从穆公？子车奄息。维此奄息，百夫之特。临其穴，惴惴其栗。彼苍者天，歼我良人！如可赎兮，人百其身！

交交黄鸟，止于桑。谁从穆公？子车仲行。维此仲行，百夫之防。临其穴，惴惴其栗。彼苍者天，歼我良人！如可赎兮，人百其身！

交交黄鸟，止于楚。谁从穆公？子车针虎。维此针虎，百夫之御。临其穴，惴惴其栗。彼苍者天，歼我良人！如可赎兮，人百其身！

子车氏的奄息、仲行、针虎三位贤良之人，都是百里挑一的人才，却作为人牲殉葬。他们“临其穴，惴惴其栗”，表现出非常恐惧的神情。秦人对这一“歼我良人”的做法非常悲愤，大声疾呼：“如可赎兮，人百其身。”假如能够换他们的活命，宁愿用一百人去代替。

秦穆公生前是一位仁君，死后为什么要有这么多人为他殉葬？应该说这与秦穆公本人的品性无关，这是当时的一种礼制，而能够为国君殉葬，反而表明他们地位崇高，与国君的关系亲密。《黄鸟》也并非控诉人殉制度，不然就不会说“如可赎兮，人百其身。”一百个人来代替一个人，那岂不是更加不人道吗？

关于秦国的殉葬制度，我们在“商鞅变法”的章节中还将详加阐述。总之，一定要认清且尊重客观的历史发展规律，我们不能跨越历史的局限，不能用发展了几千年的我们的认知，苛求古人能够有一样的认知。用一句通俗的话来讲：在什么时候，说什么事。

当然，即使避开人性的角度，单单以功利的出发点审视人殉制度，在当时，同样是对统治者非常不利的。很多富有统治经验的人才为死去的君主殉葬，使秦国的统治力量变得薄弱，秦穆公刚刚建立起来的霸业，在非常短暂的时间内便宣告结束了。

秦穆公去世之后，他的儿子公子罃继承秦公之位，是为秦康公。秦康公的母亲是晋献公的女儿，晋文公的姐妹，也就是说秦康公与晋襄公是表兄弟。这一关系是有助于缓和秦晋两国之间日益加深的矛盾的，但是很可惜，在秦穆公去世的当年，晋襄公也去世了。

秦晋两国同时换了君主，双方的关系前途未卜。即使是春秋最卓越的观察家，也不能知晓秦晋两国的新主人将引领两国的外交关系走向何方，况且晋国的新主人是谁都迟迟不能确定下来。

在晋襄公当政期间，他做了一项影响后世晋国命运的人事任命，任命赵盾为中军主将。赵盾是赵衰的儿子。赵衰跟随重耳在外流亡十九年，重耳继位为晋文公后，赵衰作为晋文公的死党嫡系，深受重用。在晋文公去世前，赵衰做到了晋国上军的佐将，在晋国军队系统中，是前几号权力人物。晋襄公继位后，又任命赵衰为中军佐将，辅佐中军主将先且居。

公元前622年，先且居与赵衰同一年去世，晋襄公调整三军人事，让赵衰之子赵盾世袭中军佐将的位置。晋襄公的老师大夫阳处父非常欣赏赵盾，屡次在晋襄公面前为赵盾美言，晋襄公索性任命赵盾为中军主将。

中军是晋国上中下三军中最具实力的王牌军，成为中军主将，相当于掌握了晋军的王牌武装。而这个赵盾，就是后来三家分晋的赵国国君的祖先。

当然，晋襄公是不可能看到他这一任命的严重后果的。他委任赵盾为中军主将时，认为一切尽在掌握之中。谁曾想仅仅过了一年，晋襄公便英年早逝，此时他的儿子夷皋只有三岁。

此时如狐偃、先且居、栾枝、胥臣等功勋卓著的老臣都已撒手人寰，晋国朝堂成为少壮派的天下，手握兵权的赵盾成为炙手可热的人物。赵盾认为公子夷皋年纪尚幼，不足以立为君主。

晋襄公有一个弟弟名为公子雍，目前正在秦国，晋文公在世时对他就非常喜爱。公子雍年长，有很强的政治经验，应到秦国迎立公子雍为君。

赵盾想要册立长君，出发点不可谓不好，但他忘了，既然有太子存在，就应立太子为君。若是还可以有其他人选，那么赵盾认为张三合适，就会有人认为李四合适，这是取乱之道。

好对手的养成

狐偃的儿子狐射姑是中军佐将，赵盾的副手。他认为如果要更换太子，不如立公子乐。公子乐目前在陈国，同样受到晋文公的喜爱，同样年长有政治经验，也同样有出居他国的政治历练，为什么就不可以立其为君呢？

赵盾则认为，公子乐的母亲地位低贱，不能同公子雍的母亲相比。公子乐出居的陈国是个小国，不能和秦国相比，他有什么资格同公子雍争位呢？秦国是晋国的强邻，如果公子雍继位，就能再次同秦国结成同盟，公子乐能做到这一点吗？难道让我们和弱小的陈国结盟吗？

双方为此争论起来。晋襄公的妻子、公子夷皋的母亲穆嬴听说众大臣准备废掉公子夷皋，另立他人为国君，便抱着三岁的夷皋来到朝堂哭个不停，边哭边诉："先君犯了什么错，使他的后代不能继承他的地位，这个孩子又犯了什么错，小小年纪就被你们抛弃。"

结果晋襄公尸骨未寒，国君的继承人选也没有确定，晋国的朝堂已被闹得乌烟瘴气。

赵盾害怕夜长梦多，赶紧任命先蔑与士会为使者到秦国迎接公子雍。晋国的使者来到秦国，秦康公与公子雍闻听此事，都喜出望外。

如果公子雍能回国继承君位，那么秦国就如同当初支持晋文公回国继位一样，再次取得左右晋国国君废立的优势。而公子雍原本要以晋国公子的身份度过一生，此刻他心中燃起了君临晋国的希望火焰。于是秦康公赶紧派出军队，护送公子雍回国。

狐射姑见赵盾如此做，也赶紧派人到秦国迎接公子乐。双方玩起了速度战，谁先到达晋国，谁就能抢得君位，颇似当年齐国的公子纠与公子小白。可能当年公子纠的做法也启发了赵盾，他派人在路上截杀公子乐。

公子乐远远没有当年的公子小白那样幸运，他被刺身亡。死人是不能继承国君之位的，狐射姑的希望破灭了。赵盾随后罢免了狐射姑的官位，狐射姑害怕被诛杀，逃到翟国去了。赵盾在晋国的地位更加巩固了。

按说晋国国君之位非公子雍莫属了，但历史的进程却在此时发生了戏剧性的变化。穆嬴这个女人非常不简单，强大的母爱让他做出了超乎寻常的举动，她抱着公子夷皋屈尊来到赵盾的府邸，跪倒在赵盾面前，开始哭诉：

“先君临终前曾将这个孩子托付给您，并对您说，此子成材则是受到您的恩赐，此子若不肖，先君在九泉之下也会怨恨你。如今先君话犹在耳，您就要抛弃此子，这是何道理！”

面对如此情景，赵盾也感受到了压力，有些举棋不定了。此时的赵盾虽然身居高位，却非常年轻，在政治上还不够成熟，他居然出尔反尔，决定立公子夷皋为君。这位三岁的公子夷皋便是后来的晋灵公。

而此时，公子雍已经被大批秦军簇拥着踏上晋国的领土了。赵盾马上发兵去拦截公子雍。公子雍与秦军还都蒙在鼓里。

为了取得战场主动，赵盾继续欺骗秦军，声称晋军是来迎接公子雍的。双方在令狐（今山西临猗西）相遇，秦军毫无防备。晋军借着夜幕突然发起进攻，偷袭秦军。

此时公子雍才得知赵盾出尔反尔，已经不再拥立他为晋国君主。一个人若是一直没有希望也就罢了，一旦你亲手给了他希望，又亲手将这希望熄灭，这种挫折感可想而知。公子雍恼羞成怒，同秦军一道奋力拼杀。

秦军一路风餐露宿来到晋国，本来以为自己是尊贵的客人，没想到遭到迎头痛击，他们同公子雍一样，感觉蒙受了耻辱，非常愤怒。

但愤怒归愤怒，两军交战，没有做好准备的一方一定会是失败者，秦军在奋起抵抗之后终于被击溃，狼狈逃窜回国，公子雍以及晋国的两位使者先蔑和士会，也随着秦军一同逃回秦国。

在这场新君废立之争中，赵盾的做法非常不地道。本来公子夷皋继位没有任何疑义，若是按部就班地进行，晋国内部也不会出现混乱。公子雍身居秦国多年，他可以修复秦晋两国之间自崤之战以来的对立的关系。若是赵盾下定决心拥立公子雍，也未尝不是一种好的选择。但是赵盾出尔反尔，他不但将晋国内部闹得鸡飞狗跳，还使得晋国再次失信于秦，从此秦晋两国关系势同水火。

秦国本来只是西渭水流域的一群牧马人，立国较晚，又处在西北边鄙之地，民风较为淳朴重信，历代统治者也较为仁义宽厚。而在战国时期，秦国成为其他诸侯国眼中毫无仁义诚信可言的虎狼之国，应该说与春秋时期晋国给秦国三番五次的“上课”有关。秦国逐渐认识到，诸侯国之间只有尔虞我诈的计谋，你死我活的较量，鱼死网破的斗争。

在一次又一次被晋国欺骗打击羞辱之后，秦国终于成为青出于蓝而胜于蓝的好学生，成为以彼之道还施彼身的好对手。

河曲之战

令狐之战失败后，秦国为了对抗晋国，转向与南方的楚国同盟。晋国不但彻底失去了一个强有力的盟友，还使自己的主要敌人增加了一个强有力的盟友，此消彼长，晋国自城濮之战后建立起来的对楚国的优势正在逐渐丧失，春秋霸权的天平逐渐向楚国倾斜。一旦楚国出现一位明君、贤君，楚国就将成为继晋而起的春秋新霸主。当然此时的楚国，还在等待那个对的人。

在晋国的这场君位之争中，公子夷皋没有做错什么，公子雍没有做错什么，公子乐同样没有做错什么。错只在赵盾一人身上，但是所有人都为赵盾的错买单。偏偏犯错的人，却得到了巨大的利益。

赵盾不但是晋国中军主将，还成为晋国的首席卿士，不但借废立之际排除异己，打击了其他利益集团，还因新任国君弱小而代行君权，成为晋国最具权力的一号人物，同时也是晋国历史上第一位权臣。

他甚至撇开国君亲自主持晋国同各诸侯国之间的会盟，开创了大夫主盟的先河。赵盾利用手中的权力疯狂扩张赵氏的势力，赵氏逐渐崛起，为他的子孙瓜分晋国、建立赵国打下了坚实的基础。

秦军残兵败将逃回国后，秦康公对晋国的背信弃义感到怒不可遏。虽然秦军损失惨重，但对于秦国来讲，这却是接下来攻伐晋国不可多得的口实。

在令狐之役的次年，秦康公派兵攻晋，攻占了晋国的武城（今陕西华县东），晋国也不甘示弱，随后派兵攻占秦国的少梁（今陕西韩城南），秦国再次对晋实施报复，占领晋国的北征（陕西澄城西），双方你来我往，互相伤害，终于在公元前 615 年，秦晋战争由一城一地的攻防战，逐渐积累酝酿成了一场大战。

这一年，秦康公派出西乞术携带重礼到鲁国，声言讨伐晋国，希望得到鲁国的舆论支持。在得到鲁国的首肯之后，当年冬天，秦军在秦康公的亲自带领下气势汹汹地出兵讨伐晋国，很快渡过黄河，占领了晋国的羁马（今山西永济南）。

此次秦国来者不善，又有鲁国作为外援，晋国不敢怠慢，三军悉数出动以应敌。赵盾仍为中军主将。双方在今山西省芮城县风陵渡一带相遇，此处古称河曲，因而此战称为河曲之战。

秦晋双方对峙之后，晋国上军左将臾骈向主将赵盾建议道：

“秦国如今兵锋正锐，不宜直接与之交战。但秦国劳师远征，补给线漫长，一定不能久战，我军应深沟高垒，坚守不出，到时秦军不战自乱，待秦军退兵之时，再自后方掩杀，可一战而胜。”

赵盾深以为然，于是免战牌高悬，拒不出战。果然如臾骈所言，秦军在晋国国土作战，补给非常困难。赵盾以逸待劳，以静制动，这是秦军最不愿看到的情形，秦康公非常着急。叛逃到秦国的士会非常了解晋国内部的情况，他对秦康公说：

“晋军闭门不战，这个主意一定是臾骈所出，只有他有这样的智慧。但是若破此计，也并不难。赵盾有个堂弟名叫赵穿，是晋襄公的女婿。此人是个不折不扣的纨绔公子，不懂军事，却爱瞎指挥出风头，他非常嫉妒臾骈的才华，总是和臾骈对着干。我们不妨派人到晋军阵前指名点姓向赵穿挑战，赵穿狂妄骄横，一定会中计出战。到那时赵盾为救赵穿，即使想闭门不战也不行了。”

秦康公依计而行，并将一块玉璧沉入黄河祭祀河神，祈求河神保佑，战胜晋军。在做完祭祀仪式后，秦军发兵偷袭晋国的上军。臾骈没有中计，按兵不动。可是赵穿果然对臾骈的隐忍非常不满，他认为臾骈胆小如鼠，畏秦如虎，他率领自己的部属私开营门迎战，结果很快陷入秦军重围。

而奇怪的是，秦军并不歼灭他，仅仅是将他包围。这是秦军在引诱赵盾前来救人。赵盾救弟心切，只得出兵接战，双方在营前大战了一场，直到日落西山，才各归本队。

此战虽秦国计谋得逞，但是双方仍然仅仅打了个平手而已。这让秦康公意识到，想要在晋国国土战胜晋军谈何容易。不如见好就收，及早撤兵。

秦康公派出使者，到晋军大营挑衅，约定双方明日决战。

臾骈注意观察秦国使者的言谈举止，发现了其中的毛病，他对主将赵盾说：“使者眼珠乱转，言语慌张，其中必定有诈。秦军可能要撤退，我们今夜应做好准备，一旦发现秦军车队，就趁着他们渡河之际进攻，秦康公一战可擒。”

关键时刻，刚刚被大家解救出来的那个赵穿又跑出来秀智商：“秦军经过一天大战，还没有收敛阵亡的将士，不可能撤退。而我们已经答应在明日同秦军决战，怎能今晚就去偷袭？”

赵盾认为有理，放弃了全歼秦军的大好时机。第二天清晨，军卒来报，秦军大营已是人去营空。待晋军再次追击，秦军早已过河多时了。

在秦康公时代之后，秦国又经历了秦共公、秦桓公、秦景公统治的时代。秦晋之间发生多次相互征伐之战，双方基本势均力敌，谁也没占到便宜。但是，势均力敌代表吃亏的一方就是秦国，因为秦国始终没有打通东进中原的通道，晋国就像在函谷关盖了一个盖子一样，将秦国憋在了瓮中。

士会的计谋

楚国在城濮大败后不久，楚成王就被他的儿子商臣害死了。商臣做了国君，便是楚穆王。楚穆王对与晋国争霸的失败不甘心，抓紧操练兵马，发誓要与晋国决一雌雄。

楚国的实力日渐强大。楚穆王首先将附近的几个小国兼并了，又向中原讨伐郑国与陈国。在同郑国的战争中，楚穆王俘获了公子坚、公子龙等郑国的多位重量级人物，迫使郑国向楚国求和。

一旦楚郑结盟，晋国在郑国的势力将遭受驱逐。于是晋国的赵盾带着几个同盟国前去援救郑国，但还是迟了一步，郑国被楚国拉到了自己一方。楚国接着又去侵伐陈国，出乎意料，陈国的保卫战取得了胜果，但陈国惧怕楚国的报复，还是同楚国讲和结盟。

陈国不败而败，楚国不胜而胜。就这样，原本同晋国结盟的郑国与陈国，接连被叛晋国，倒向楚国。晋国举国上下预感到了自己的危机，晋国内部如果再不团结起来，恐怕霸主地位就将丧失。

公元前 614 年，晋国最具权势的六位卿士举行了一次会谈，准备对因数次内乱而外逃他国的本国贤才给予特赦，让他们回国为晋国效力。晋国在这一关键时刻释放政治和解信号，是非常明智且有必要的。

然而，晋国已深陷内部矛盾之中，这种矛盾盘根错节，钩心斗角，绝不是一次谈话就能消除的。在会谈时，各方势力都很难达成一致，如荀林父主张召回狐射姑，而郤缺却主张召回士会。

对于决策人赵盾来讲，狐射姑是他的政敌，曾经在立君方面与他有不同的主张，而士会仅仅是赵盾派往秦国的使者，因赵盾出尔反尔不得已滞留秦国。相较之下，狐射姑的威胁远远大于士会，如果让狐射姑回国恐怕对己不利，于是他也倾向于招纳士会回国。

狐射姑因此失去了返回祖国的机会，最终客死他乡。作为同赵氏夺权的失败者，狐射姑曾经比较过赵衰赵盾父子，他说赵衰是冬天里的太阳，令人感到温暖；而赵盾是夏天里的太阳，令人感到可怕。

但这样的评价也不尽然。这不，赵盾这个夏天里的太阳，就马上要像冬天里的太阳一样给士会送温暖了。赵盾要请回士会，但是如何能将政治和解的信号传递给那位“惊弓之鸟”呢，赵盾最终琢磨出一条苦肉反间计。

晋国魏地（今山西芮城东北）的守将寿余是赵盾的心腹，但是赵盾却突然以一个理由拘捕了寿余的全家老少，而单单放走了寿余。寿余连夜逃到了秦国，向秦康公表示投降，同时他还带着全套的魏地的土地人口统计文书，表示将魏地献给秦国。

魏地是晋国在黄河以东的重镇，秦国在秦献公时代已经夺取了晋国黄河以西的土地，若是再占领魏地，等于将触角越过了黄河，这是对晋国非常大的威胁。秦康公见到寿余带着魏国的土地人口文书来投降，自然是大喜过望，当即表示接纳寿余。

寿余在朝堂上见到士会，暗中踩了踩士会的脚，并且以目传言，用眼神把一切都告诉了士会。士会虽被迫流亡在秦，但思念故土心切，见到寿余这个样子，似乎也明白了八九，他开始配合寿余的表演。士会向秦康公建议，亲自带大兵去接收魏地。秦康公当即表示同意。

秦康公与士会、寿余等人领兵到达黄河岸边后，寿余对秦康公说："魏地的守军还不知道我已经归降秦国，还是让士会渡过黄河去向他们宣谕吧。士会本是晋人，一定能够说服魏地的守军。"

秦康公夺取土地的心情迫切，也就没有多想，点头应允。而士会反而流露出不愿去的神情，他对秦康公说："晋国人都是一群虎狼，我背叛晋国辅佐秦国他们对我恨之入骨，如今我再去说服他们投降，有可能被他们拘押，如果我没有完成使命，又不能再回到秦国，国君您不要杀了我的妻儿老小。"

秦康公指着黄河滔滔的流水发誓说："如果你被晋人拘捕，不能再回秦国，我将送还你的妻儿老小回国与你团聚。若是食言，如同此水，一去不返。"

士会心中暗喜，当他正要动身时，秦国的大夫绕朝走过来送给士会一条马鞭，并偷偷对他说："你不要以为秦国没有人才，都看不出你们的诡计，只不过是不愿揭穿你罢了。"士会大惊，急匆匆同寿余一起过河了。

士会渡过黄河后，马上受到了晋人的"拘捕"。而秦康公似乎也明白了是怎么回事，但他已经发过誓又不能反悔，也就很大度地将士会的一家老小送回了晋国。

士会对秦康公的大度也很感激，他亲自写了一封信向秦康公致谢，并在信中着力化解秦晋两国之间的矛盾，希望秦康公能保境安民、休养生息。秦康公对此也表示认可，反思多年来秦晋战争给两国带来的灾难，不再同晋国连年争斗，两国之间出现了长达二十年左右的和平局面。

从这一点上来看，绕朝是一位大智者，如果他当时揭穿士会，士会必然被杀。秦康公也会因晋国的阴谋而恼怒，秦晋之间将永无宁日。但是，士会惧怕绕朝的才能，他对秦康公说绕朝知道自己同寿余之间的阴谋，绕朝也将投奔晋国。秦康公不明真相，杀害了绕朝。绕朝希望促进秦晋间的和平，但他自己却成了和平的牺牲品。

秦康公放归士会亲属时，其中有一些人不愿意返回晋国，他们留在秦国，这部分人后来改为刘姓，据说汉高祖刘邦就是士会的后人。

一鸣惊人

秦晋的关系缓和之后，秦国依然没有解决东出函谷关的问题，此时秦国西部与戎族部落接壤的边境也相对比较安定，秦国只能向南谋图发展。秦人翻越秦岭，同庸国、巴国等大山深处的国家产生了联系。

巴国是周朝初期所分封的一个姬姓诸侯国，疆域大概在今天的重庆和湖北恩施等一部分地区。庸国在今湖北神农架一带，建都在今天的湖北省竹山县西南。

这个诸侯国曾随武王灭商。武王灭商在牧野宣誓之时，有八个诸侯国随武王一同宣誓，其中庸国排在第一位，可见庸人是武王灭商的重要力量。

西周建立之后，庸人逐渐在其领地发展壮大。今日的看官对庸国不太熟悉，但在春秋时期，它是秦楚之间的一个大国，经济军事力量很强盛，曾经多次打败楚国，同时也是秦国向南发展的一大障碍。

公元前613年，楚穆王突然得暴病去世。其子公子旅继位，他就是赫赫有名的楚庄王。楚庄王继位时正是一位不到二十岁的血气方刚的小伙子。

当时楚国内部矛盾重重，因楚穆王是突然去世，很多内部势力都想趁机渔利。楚庄王刚刚即位郢都就发生了兵变。乱臣公子燮、斗克等人因不得志，趁令尹成嘉率兵出征之际，劫持楚庄王出离郢都，准备另立朝廷。

后二人被诱杀，楚庄王才重返郢都。

经历这场政变，楚庄王意识到国内派系错综复杂，但是究竟谁是忠臣谁是奸臣，一时又难以辨别，他需要沉淀一段时间静观其变。自此后，他变得沉迷于声色犬马，不理朝政。他即位的第二年，晋国大夫赵盾派兵攻打楚国的附庸国蔡国。

蔡国在今天河南省上蔡县附近，是楚国的大北门，一旦被晋国攻下，不但对楚国政治声誉影响甚大，国家安全也得不到保证。但是楚庄王却按兵不动，眼睁睁看着蔡国被晋国征服，成为晋国的保护国，他依然在宫殿中钟鼎玉食，宴饮无度。看到楚庄王这样昏庸，周边国家都蠢蠢欲动。

楚庄王即位的第三年，楚国因天灾而引起大饥荒，位于楚国西北部的庸国，联合山中的蛮族部落，准备趁机进攻楚国。

而就在这样的内忧外患之际，楚庄王仍然每天不是载歌载舞就是骑马射猎，日夜为乐，不思进取，并在宫殿前悬挂一块牌匾，上书“有敢谏者死无赦”。楚国满朝文武全国民众一片哀怨，摇头叹息，认为楚国离衰落亡国不远了。

一个叫作伍举的大夫实在看不过去，但又不敢直接指责国君，他只能很隐晦地对楚庄王说：“我听说有一种鸟栖息在南山上，这只鸟三年也不抖一抖翅膀飞翔，三年也不发出任何的鸣叫声，大王知道这是什么鸟吗？”

当时楚庄王继位刚好三年，伍举是以鸟不鸣叫、不振翅飞翔来隐喻楚庄王不理政事。

楚庄王是聪明人，一下子就听出了话头，他对伍举说：“我知道这种鸟。它三年不振翅飞翔是因为羽翼还不够丰满，三年不鸣叫，是在观察周围的环境。请大夫放心，这种鸟不飞则已，一飞冲天；不鸣则已，一鸣惊人。”

伍举了解了楚庄王的心思，欣慰地告辞了。这个伍举大夫就是伍奢的父亲，伍子胥的祖父。

伍举了解了楚庄王的意图，但绝大多数大臣仍然被蒙在鼓里。有一位叫苏从的大夫，性格刚烈，他没有像伍举那样委婉地去试问，而是冒死前去进谏。他来到楚庄王的宫中，劝说楚庄王不要再这样昏庸无度。

楚庄王大怒，问道：“你没有看到进谏者死的牌匾吗？”

苏聪答道：“若我一人生死，可以使国君贤明，我愿意去死。”

楚庄王一看时候到了，转怒为喜，马上听从苏从的建议，下令从当日起他将亲自管理朝政，不再歌舞宴饮。

他将这三年来所观察到的数百名奸臣佞人全部斩杀，又将这三年来所留意到的数百位忠臣贤良全都加官晋爵委以重任。于是楚国大振，重新恢复了往日大国的风采。

而那个倒霉的庸国，偏偏在楚庄王即将理政之时，流露出了想要讨伐楚国的打算，楚庄王自然要第一个拿他开刀。

楚庄王派人联络庸国西北部的秦国、西南部的巴国共同攻打庸国。而此时的秦国正无所事事，爽快地答应了楚庄王的请求，派兵同楚国、巴国一同攻打庸国。庸国虽经过顽强抵抗，但最终还是城破国灭。

庸国在秦楚之间，对于秦国、楚国都非常重要，相当于两国之间的一个战略缓冲。当时的人认为，如果秦国得到庸国，就如同蹑手蹑脚站在了楚国的背后；而如果楚国得到了庸国，就如同让秦国敞心露怀，楚国直接窥探到秦国的腹部。

秦楚联军获胜后，对于这样重要的战略位置如何处置，吸引了春秋各诸侯国的眼球，他们竞相张望，都希望秦楚分赃不均，相互掐起来。在这样的关键时刻，秦康公做出了一个令人大跌眼镜的举动。他将庸国领土悉数奉送给楚国，自己一寸也不要。秦国既然不想得到庸国的土地，为什么要同楚国一起灭亡庸国，难道秦康公是雷锋吗？当然不是。

秦康公清楚，庸国是楚国的身后之患，不管是庸国存在，还是秦国占领庸国的土地，都相当于在楚国身后站了一个敌人，使楚国不能安心面向中原，同晋国争夺霸权。楚国不能全身心同晋国争霸，也就谈不上战胜晋国。晋国霸权不衰落，秦国永无出头之日。

秦康公是用暂时的退让换取楚国盟友的信任，同时在楚晋争霸的天平中，给楚国增加了一颗有力的砝码，这种长远的战略眼光还是非常值得称道的。

在楚国得到庸国的土地之后，楚庄王一鸣惊人、一飞冲天，开动了他的称霸战车。

楚庄王一边改革政治，一边扩充军队，加强训练军士，准备到中原与晋国决战，一雪城濮一战之恨。

他在继位的第六年，楚国战败了宋国；第八年，又战败了陆浑（今河南嵩县北部）的戎族。楚庄王还在周朝的边界上阅军示威，周定王急忙派大臣王孙满去慰劳。楚庄王见到王孙满，头一句话便问周朝京城宗庙里的九鼎有多重，留下个成语叫“问鼎中原”。楚庄王已经有了霸主相。

楚庄王经过多年精心准备，决定挥军北上，与晋国争霸。公元前598年，楚庄王趁陈国内乱的时机，发兵降服了陈国。次年，楚庄王亲自率领大军去进攻郑国。陈国、郑国全是晋国的保护国，楚国发兵陈国、郑国，便是向晋国挑战。

晋国自然不甘示弱。晋景公命荀林父为大将，先轸的孙子先縠任副将，统领六百乘兵车来援救郑国，结果被楚庄王打得大败。经此一战，晋国失去霸主地位，楚庄王继齐桓公、晋文公、秦穆公之后，也当上霸主，成为春秋五霸之一。

楚庄王前后统治楚国二十三年，楚国强盛一时。

第十章 短暂的弭兵

结草衔环

在晋国霸权衰落之后，秦国准备跟在楚国的后面吃肉喝汤捡一些便宜。当时秦康公已经去世，秦国在位的君主是秦桓公，他以将军杜回为主帅，再次向东试探，寻找东出崤山的途径。

此时晋国君主是晋文公之孙晋景公，他闻听多年没有动作的秦军突然向其进攻，马上集结军队抗击，两军在辅氏（今陕西省大荔县）相遇。晋国虽然失去了中原霸主地位，但是对付秦国还是绰绰有余，而且秦国此次征讨晋国也师出无名，在各个方面都不占据优势，因而秦军被打败，秦军将军杜回被俘。

杜回是秦国著名的大力士，关于他的被俘还有一个传说。

当时晋国大夫魏颗在晋军之中。魏颗的父亲魏武子是曾经跟随晋文公重耳流浪十九年的近臣，在晋国有着举足轻重的地位。

魏武子有一爱妾，并未生育子女。按照当时的礼制，魏武子去世时，这样的人是应该殉葬的。但魏武子不忍心这样做，他生病之后，曾对魏颗讲:“我去世后她不必为我殉葬，你就让她另嫁旁人吧。”魏颗牢记在心。

但当魏武子病重之时，突然改变了主意，对魏颗说:“不能让她嫁给别人，一定要让她为我殉葬。”魏颗同样点头应允。

但是当魏武子去世后，魏颗将那名爱妾释放，让其嫁人投奔新生了。魏武子的家臣都责怪魏颗为何不听从魏武子的遗言。

魏颗说:“父亲弥留之际已经神志不清，那样的话怎能算数呢？我应该遵照父亲清醒时的交代执行。”别人都纷纷点头称善。

在辅氏之战中，魏颗清楚地看到突然出现了一位老人，他用草绳打成结，绊倒了杜回，致使这位大力士成为晋国的俘虏。在当天夜里，魏颗做了一个梦，又梦到了这位老人，老人对魏颗说，他是魏武子那位爱妾的父亲。因为魏颗放了自己女儿一条活路，特此在战场上擒获敌军将领，作为对魏颗的报答。这个故事保存在《左传》之中，当然只是一个传说而已，不过却因此留下一条典故。我们讲一个人报恩时常说的那句“结草衔环”，其中的“结草”即来源于这个故事。这个魏颗就是战国时期魏国国君的祖先。

秦国这次趁火打劫没有成功，让秦桓公领教到了晋军的实力，从此又变得老实了。

就在秦晋辅氏之战大约三年后，公元前 591 年，中原霸主楚庄王死去。楚共王年幼执政，楚国的霸势转衰。楚国的中原属国，又纷纷倒向晋国一边。

楚国与晋国争夺霸权时往往处于被动。祸不单行，兴起在东南的吴国开始成为楚国新的威胁。吴国攻打楚国以及周边的巢国（今安徽瓦埠湖东南）、徐国（今江苏泗洪南），不断在楚国背后搞动作。楚国后院起火，几乎没有精力再与晋国争霸中原。

与此同时，晋国的日子也变得艰难起来。晋国虽有时稍占优势，但公元前 583 年晋国做主让鲁国把汶水之阳的田地给齐国，虽然讨好了齐国，却侮辱了鲁国，引起中小国家的不满。很多小国家开始“贰于晋”。

次年，郑成公主动来朝时，晋国又蛮横地拘留了他，得罪了郑国。公元前 581 年，鲁成公朝晋，晋国怀疑他亲近楚国，不让他回国。次年，鲁成公被迫接受盟约后，才准其回国。这件事更加不得人心。

正当晋国滥施霸威，诸侯多对之有二心时，秦国与白狄也乘机伐晋。这使得晋国与楚国争霸已感不支。晋、楚都感到无力支持连年的战争，因此已开始倾向于进行和平试探。

为了和平

晋、楚争霸近百年间，兵连祸结，民不聊生。尤其是处在两霸中间地带的郑国和宋国，战祸最为严重。这期间郑国参与大小战争七十余次，宋国也有四十多次，有一次还几乎亡国。

那是公元前 595 年，楚国派使臣赴齐，需要经过宋国，却没有向宋国打招呼，这是把宋国看作属国的表现。宋国十分恼火，于是杀了楚国使臣。

楚庄王立即发兵攻宋，包围宋都。宋人死守。楚军从九月围攻到次年五月，因久攻不下，最后双方才讲和。

在这种形势下，中原各国间出现了弭兵运动。“弭兵”就是放弃战争手段，要求用和平的方式解决各国纠纷。第一次倡导者就是宋国执政华元。

华元本人与晋国的正卿栾书、楚国的令尹子重都很有交情。他可以通过私人关系探听双方的态度。公元前 580 年，晋、楚两国使者互访，谋求媾和。

宋国大夫华元得知这一消息，便决定进一步促成二国修好。他主动出来斡旋，奔走于晋楚之间，以调节晋楚关系，促成晋楚结盟。

就在中原各国希望通过外交途径解决纷争，平衡霸权，吹散战争阴云的这段时间中，晋景公身染重病。他将一个巫师请来，询问自己的病情。巫师通过测算认为晋景公命不久矣，就对晋景公说："国君您吃不上今年新收的粮食啦。"晋景公听后非常忧虑，病情更加重了。

这时有人建议，秦国有一位叫作"缓"的名医，不妨请他来为国君诊治一下。秦景公马上派人去请医缓。就在医缓赶去晋国的路上，晋景公做了一个梦，梦中他听见两个小儿在对话。

其中一个小儿带着哭腔说："医缓可是有名的医生，他来了肯定会把我们抓走的，我们怎样才能不被他抓到呢？"

另一个小儿回答："这有何难，我们只要躲在'膏'的上面，'肓'的下面，医缓就抓不到咱们了。"

"膏"是指心脏的下部，"肓"是心脏和横隔膜之间。晋景公听到这样的话，一下子惊醒了，他明白那两个小儿就是病魔，但是这个梦他对谁都没有说。

医缓到来后，为晋景公做了一番检查，然后说道："国君的病灶在'膏'的上面，'肓'的下面，这是药力达不到的位置，我也是无能为力了。"

秦景公一声叹息："您可真是一位神医啊。"晋景公赏赐给医缓许多物品，将他礼送回秦国了。此事即是成语"病入膏肓"的出处。

此时晋景公可没有心思管什么成语不成语了，他知道自己活不了多久了。但是转眼到了当年的六月，新收的麦子下来了，晋景公仍然没有死去。

晋景公让厨房为自己用新麦子做了饭食，并让人将上次那个巫师找来。巫师不是说晋景公吃不到新收的粮食吗，晋景公偏要让他看着自己吃到新收的粮食，然后再将巫师杀掉。

但晋景公还没有动筷，突然觉得腹内胀痛，他赶紧去厕所方便，结果一个不小心，掉到粪坑里淹死了。

《左传》中记录晋景公的意外用了五个字："如厕，陷而卒。"

相信大多数人看到这个悲伤的故事都很难悲伤起来，反而会忍俊不禁。这真是一个考验人类同情心的死法。

晋景公"陷而卒"后，其子州蒲继位，在历史上他被称为晋厉公。晋厉公继位之后，仍然着力实行父亲晋景公的和平政策，希望通过外交途径解决各国之间的纷争。

作为这项政策的一部分，公元前 580 年，他约请秦桓公在令狐相会。

晋国在数十年间三番五次地欺骗秦国，秦人对晋国几乎毫无信任可言。新上台的晋厉公突然发出这样的邀请，秦桓公的脑海中很难不有其他的想法。令狐又是秦晋两国曾经血战的战场，这个地点无论如何都会勾起秦桓公对危险的一丝忧虑。

最终，秦桓公虽然答应了会盟，但是走到黄河岸边，却迟迟不敢渡过黄河。最终他仅派大夫史颗渡过黄河到河东同晋厉公会盟，晋厉公无奈，同史颗会盟后，也派出大夫郤犨渡过黄河到河西同秦桓公会盟。就这样两国的会盟别别扭扭，草草结束。

两国之间连彼此会盟的信任都没有，可以想象这样的会盟所带来的和平能够持续多久。秦桓公一转身，刚刚听不到滔滔的黄河水声，就背叛了盟约。他秘密联络楚国和狄人共同讨伐晋国。

楚国刚刚同晋国进行和谈，希望利用这段和平喘上一口气，自然不会同秦国共同讨伐晋国，而且楚国为了表示和平的诚意，将秦国准备对晋国进攻的消息告诉了晋国。

晋国朝野一片哗然，刚刚订立的盟誓转眼就成一纸空文，晋厉公决定讨伐秦国。在讨伐秦国之前，晋厉公希望楚国保持中立，不要支援秦国。

正巧此时郑国的大夫华元也在努力促成楚国与晋国的和解，公元前579年5月，晋大夫士燮与楚公子罢、许偃达成协议，盟于宋西门之外，史称“宋西门之盟”，他们相约，中原地区相互交往不要有国家间的阻碍，如果有了争执要用和平讨论的方式解决，谁破坏这个制度大家就要讨伐他。历史上称这次晋楚会盟为第一次弭兵之会。

麻隧之战

弭兵之会对于中原诸国来讲是一场和平运动，但对于秦国来讲，却出现了失去楚国盟友，独自面对晋国强敌的局面。

应该说晋、楚第一次弭兵之会的成果非常不稳定。双方在长达半个世纪的争斗中积累起来的仇恨和隔阂并非一朝一夕或一个盟约所能化解。两国都是考虑到自己的不利处境，才希望通过暂时的休战而得以调整，等待时节，当形势好转时，就会撕毁盟约，发起新的进攻。

如果秦国能够认识到自身所处的不利局面，谨言慎行，小心处事，待到弭兵之会的盟约松动之后，再与楚国联合攻打晋国，可能会有一定的胜算。但是秦桓公居然没有认识到这一点，弭兵之会楚国的背叛反而使秦桓公恼羞成怒。他在弭兵之会的当年秋天，晋楚两国和平局面最稳固之时，悍然发兵攻打晋国。

晋国在毫无后顾之忧的情况下，同秦国单挑，秦国自然没有胜算。在击退秦国的进攻之后，晋厉公下定决心，决定彻底地、一劳永逸地解决西部边境问题，绝不让秦国再在自己称霸中原的道路上掣肘。

公元前578年春天，晋厉公亲自到洛阳的周都王城同齐、宋、卫、鲁、郑、曹等八国国君商议共同讨伐秦国。这八个国家最终商定，同晋国组成联军，共同攻秦，连周简王也派出两位大夫率领王师助战。晋军、周王师，加上其他八个国家的军队，这样就成了十国联军，浩浩荡荡杀奔秦国。

在十国联军攻入秦国边境之前，晋厉公派大夫吕相赶奔秦国，向秦桓公递交了断交的国书。这份断交书措辞非常严苛，历数秦国历代君主对晋国的不义之举，并且声称现在是旧账新仇一并清算的时候了。

当然，若公正来看，晋国百年来对不住秦国的作为远远多于秦国对不住晋国的作为，这份绝交书只是晋国的一面之词罢了。但是晋国是强者，强者才有话语权，秦国想要反驳，也是没有人愿意听的。

十国联军很快渡过黄河，踏上了秦国国土。秦桓公被迫出兵应战。据史料记载，十国联军大概在十二万人左右，而秦国几乎全国动员，也就拿出了五六万的兵力。这个数字是值得怀疑的，当时恐怕各诸侯国都拿不出这么多的作战部队。但这次战争中秦国在人数上明显处于劣势应是毋庸置疑的。

双方在麻隧（今陕西径阳西北）相遇。秦军被十国联军挤压在径河岸边，被迫背水列阵，做殊死一搏。此时的晋国已由原先的上、中、下三军扩展为上、中、下、新四军。晋厉公亲自统率四军联合其他九国部队向秦军进行猛攻。

这样宏大的军事角逐场面在春秋时期并不多见，这场战斗打得天昏地暗，秦军负隅顽抗，联军付出了极大的代价，助战的曹宣公阵亡，最终联军击败秦军，秦军主力被歼灭，残部保护着秦桓公渡过泾水，向雍城方向败退。十国联军在后紧追不舍，一直追击到侯丽（今陕西礼泉附近）才收兵凯旋。

经麻隧一战，秦国元气大伤。之后，虽然秦国不甘心失败，曾经顽强地组织过几次针对晋国的反扑，甚至取得过一些微小的胜利，但是已经无法扭转秦国在与晋国争衡过程中处于绝对劣势的大局。秦国原本与晋国、齐国、楚国并列为四大国，麻隧一战失败后，秦国甚至退出了大国的行列，仅能自保而已，暂时失去了向东与中原诸侯争夺霸权的资格。

晋国带领各诸侯国讨伐秦国胜利后，晋国的国际地位再次提高。这时楚国感觉到自己信守弭兵之会的诺言，保持中立，不援助秦国，似乎间接上助长了晋国的威风，楚国国君楚共王感到有些后悔，认为自己有必要做些什么了。

就这样，弭兵之会那份煞有介事的条约，信誓旦旦的盟誓只保持了四年，和平运动遂成泡影。国家分裂，各自为政并争相称霸的年代，和平只是暂时的休战。

国君的仁慈

公元前575年，楚国诱骗郑国背叛晋国。晋厉公为捍卫自己的霸权亲自出兵讨伐郑国。郑国马上向楚国求救，楚共王也亲自率领楚军救援郑国。双方在鄢陵（今河南鄢陵北）相遇。鄢陵之战爆发。

鄢陵之战是春秋前期的晋楚争霸过程中，第三次同时也是最后一次主力大会战。双方在清晨摆开阵势，都使出浑身解数相互厮杀。

在混战中，一位叫作吕锜的晋国将领一箭射伤了楚共王的眼睛，楚共王惨叫一声，马上命令身边的神射手养由基还击。养由基一箭射死吕锜。但是由于国君受了重伤，楚军军心震动，晋军如海啸一般涌来，养由基一张弓再厉害，也只能是点射，虽然他接连射杀了数十名晋军，但是也挡不住晋军的进攻。

眼看楚共王有可能成为晋军的俘虏，楚营中一员叫作叔山冉的猛将，突然举起一名擒获的晋军士兵，向晋国的战车掷了出去。力量之大居然砸断了战车的横木，前方战车一瘫痪，阻挡了后方战车的跟进，就在这一霎之间，楚共王得到了逃走的机会。

双方厮杀一整天还没有分出胜负，直至红轮西坠，双方约定明日再战。但到了夜晚，楚共王感觉到晋军士气正盛，楚军已经出现疲态，自己又负了重伤，不可再战，于是连夜撤出了战场，就这样，鄢陵之战以晋国的胜利告终。

不过，晋军虽胜，却因是楚军主动撤离，并没有歼灭多少楚军的有生力量，只不过是楚国主动认输而已，楚国的势力并没有受到多大的削弱。

因而鄢陵之战后，晋国并没有重新夺回霸权，而战争的导火索郑国，仍然心向楚国，与晋国为敌。晋国可以说是虽胜不胜，楚国是虽败不败。

就在晋楚两大国相持不下之时，晋国内部却突然发生内乱。

晋国内部卿大夫势力一向强大，赵盾曾经左右国君的废立，甚至后来弑杀了晋灵公。虽然晋景公铲除了赵氏势力，国君一度掌权，但是其他几家卿大夫的势力依然存在。

晋厉公继位后，不仅郤氏、栾氏、中行氏等几家卿大夫的势力有所增长，就是连曾被铲除的赵氏也死灰复燃。

接连在麻隧之战、鄢陵之战打败强敌秦国、楚国之后，外部矛盾的稍稍缓解也就反衬出内部矛盾逐渐激烈。晋厉公将着眼点转向国内，准备解决几家卿大夫专权的问题。

公元前 573 年，晋厉公命令心腹宠臣胥童率兵击杀了郤氏，并抓捕了另外两位卿士栾书与中行偃。胥童请求处置二人。

这时晋厉公反而犹豫起来:“我实在不忍心一天杀死三卿啊。”

胥童说:“国君不忍心杀死他们，他们必将忍心杀死国君。”

晋厉公最终还是没有忍心下手，下令释放了他们。

栾书与中行偃磕头谢恩，但是一转眼他们就发动政变拘捕了晋厉公，并杀死了胥童。他们派人到周王城迎请公子周回国继位，是为晋悼公。

一年后，栾书与中行偃杀死被囚禁的晋厉公，仅仅以一辆车为其陪葬，并给了他一个很不好的谥号“厉”。

晋厉公是最后一个有能力解决卿士专权问题的晋国君主。他死之后，被那些卿士扶植起来的晋国君主，虽然也能在对外称霸的过程中屡屡获胜，对内也展现出整顿改革的一派新气象，但却无法阻止卿士坐大，大夫专权形势的蔓延，只能眼睁睁地看着强大的晋国滑落到被卿士瓜分的深渊中。

秦楚之好

鄢陵之战后，中原地区的郑国仍然在楚国阵营。楚国不断怂恿郑国同他一起出兵四处攻打其他诸侯国。楚国国力雄厚，应付得了连年对外战争。而郑国的国力不足以支撑自己随着楚国战争机器不停地运转，迫于楚国强大的压力，又不得已而为之。

楚国就像一张硬弓，而郑国就像纤细的弓弦。硬弓不断蓄力，弓弦却难以维系，这样过了没几年，郑国这条弓弦终于崩断。

郑国国内发生暴动，尉氏、司氏、堵氏、侯氏、子师氏等来自下层的官吏攻杀了郑国三位执政大夫子驷、子国、子耳，劫持了郑简公。

晋悼公趁此机会攻打郑国，郑人也不愿再同楚国绑定在一起进行对外争战，趁此机会同晋国会盟，向晋国屈服。

楚国一夜之间失去了郑国这位盟友，突然又想到了崤山以西那位昔日的盟友秦国。秦国通过这些年的恢复，又积攒了一些实力，也正想同楚国联合，共同讨伐晋国。

公元前 564 年，晋国国内发生饥荒，秦国、楚国看准时机共同讨伐晋国。晋国无力抵抗，输了一阵。

第二年，晋国又起兵讨伐秦国以报去年之仇。之后不久秦国又起兵攻打晋国，晋军因轻敌而败北。

公元前 559 年，晋悼公又带着一些小诸侯国来攻打秦国，报上次之仇。双方隔泾水相对。晋军和诸侯国君都不敢渡河，最终晋国大夫叔向说服鲁国军队与莒国军队先渡河，其他诸侯国军队随后跟进。

没想到正在诸侯国军队渡河之时，秦军在泾水上游放毒，毒死了很多诸侯国士兵。最终诸侯国联军也没有让秦人屈服。秦军使用的是何种毒物，今天已不得而知，但这应是中国有记载的最早的用毒作战。

就这样，秦晋两国你来我往相互攻伐。但秦国胜少败多，越来越感到对付晋国力不从心，也越来越感到同楚国结盟的重要性。秦国与楚国不但在政治上结盟，也希望形成血缘上的姻亲关系。

比如秦景公将自己的妹妹嫁给楚共王，楚共王对于秦女的到来也非常重视，举行隆重的答聘和归宁仪式。秦国与楚国接亲，“秦晋之好”转变为“秦楚之好”。

眼见秦楚两国的联盟越来越巩固，晋国又深陷卿士分权的内乱危机，夹在两大集团中间的诸侯国们，认为为双方讲和的机遇到了，如郑国的子产就认为“晋楚将平，诸侯将和”。

宋国的执政向戌看准这一时机，分别到晋国、楚国、秦国、齐国前去讲和，最终各大国与各诸侯小国商议再次在宋国会盟。

但是，晋国的大夫赵武认为，秦国与齐国是同晋国与楚国力量相等的大国，晋国、楚国不能将这两个国家看作附属国而指挥他们，所以不能邀请他们来会盟。对此楚王也表示同意。于是虽然秦国、齐国同意会盟，却没有接到会盟的邀请函。

公元前 546 年，晋国与楚国以及中原各诸侯小国在宋国国都西门外召开了第二次弭兵大会。双方约定从此以后和平相处，有了争端用外交途径解决。自此之后，中原终于出现了一段较长时间的相对和平的局面。

晋国与楚国不愿意齐国与秦国参加会盟，表面上看是尊重齐国与秦国的大国地位，实际上是孤立齐国与秦国，在晋楚两国划分势力范围时将齐秦两国排除在外。

齐秦两国一在东一在西，都与逐鹿中原的大舞台较远，它们还暂时没有资格在中原事务中得到强有力的话语权。

第十一章 与子同袍

父兄之仇

楚国在与晋国签订和平条约后，并没有马放南山刀枪入库，而是将经略重点转向南方。因为在这段时期内，在面向北以争中原的楚国背后，中国东南沿海大约相当于今天的江苏省南部的环太湖地区，有一个诸侯国默默崛起，这就是吴国。

吴国与周天子同姓，据记载，吴国的祖先是周文王的长兄太伯。周文王之父周太王生有三子，长子太伯，次子仲雍，小子季历。季历便是周文王。他从小聪慧，深受周太王喜爱。周太王想传位于季历，却有碍于嫡长子继承制而不能实行。

太伯看出父亲的意图，有意让位于三弟，便与二弟仲雍一起远走江南，在长江下游太湖附近建立了吴国。此后吴国一直在边远的东南独立发展，春秋时期吴国逐渐强大，已经具备了北上中原争夺霸权的实力。

吴国身在东南，秦国地处西北，两国风马牛不相及。但因晋国与吴国结盟，共同对抗楚国与秦国，使得吴国同秦国也产生敌对关系。公元前549年，楚康王曾动用水师沿长江而下攻打吴国，但吴国依水而生，水军同样厉害，楚国没有占到便宜。

在这次失利后，楚康王决定联合秦国共同伐吴。可是秦楚联军刚刚走到半路，就听说吴国已经做好防御，两国自认为没有必胜的把握，只得退兵。

此后春秋大国基本上形成了秦楚联合对抗晋吴联盟的局势。因为双方势均力敌，谁也不肯轻易发动大的战争，这种既敌对又平和的局面居然持续了数十年之久，两大集团之间虽有小的摩擦，却没有爆发足以改变均势局面的战争。

直到公元前506年，楚国大臣申包胥突然出现在秦国宫殿之外，声称此时的楚国郢都已经被吴军攻占，楚国已到了灭亡的边缘，哭着喊着要求当时执政的秦哀公去救援楚国。身为春秋第一流强国的楚国，怎么会转眼间就落魄到即将亡国的田地呢？事情还要从公元前522年楚国大臣伍奢被杀说起。

伍奢在楚平王时期担任太子太傅，是楚平王之子太子建的老师。在当时辅佐太子的官员有太子太师、太子太傅、太子太保、太子少师、太子少傅、太子少保等。

他们都是太子的老师，但是所管职责不同。“师”是负责传授太子知识的人，“傅”是负责监督太子行为的人，“保”则是负责照顾太子身体的人。

楚平王为了加强与秦国的联盟，准备为太子建迎娶秦国的公主孟嬴。楚平王派太子少师费无忌前去秦国下聘。费无忌是个小人，他见到孟嬴是个绝代佳人，就在楚平王的面前极力夸饰孟嬴的美色。

楚平王也是个好色之徒，居然动了歪心思，不再将孟嬴嫁给太子建，而是纳入了自己的后宫据为己有，并且随便找了一个女子冒充孟嬴嫁给了太子建。费无忌因此功劳一时成为楚平王眼前的红人。

过了没多久，楚平王与孟嬴生下儿子熊轸。楚平王的丑事开始在坊间流传。费无忌心中打鼓，有朝一日楚平王晏驾，太子建继位，必然饶不了自己。于是他就在楚平王面前诬告太子建联合晋国与齐国谋图叛乱。

楚平王对太子建也心中有愧，正想找茬剥夺他的太子身份，于是根本不问始末缘由，便下令抓捕太子建。太子建闻讯后出逃郑国，躲过一死。

太子谋反，太子太傅伍奢这个负责监督太子行为的老师必然首当其冲成为替罪的羔羊。伍奢下狱后，费无忌对楚平王说伍奢有两位公子，一个叫伍尚，一个叫伍员，都是盖世奇才，若不一同问罪必留后患。于是楚平王传令说："只要伍尚、伍员来到都城，就释放他们的父亲伍奢。"

伍尚忠厚，准备入都救父。伍员看破楚平王的诡计，不肯入都。果然伍尚进入郢都后，与父亲伍奢一同被杀。伍员闻讯大哭，他对自己的好友申包胥说："我一定要颠覆楚国，为父兄报仇。"

申包旭虽然对伍员的遭遇很同情，但并不同意伍员背叛楚国。他回答伍员说："楚国是我们的祖国，你与楚国有仇，你能够颠覆它，我也一定能够使它再度复兴。"

这个伍员就是伍子胥。他身负家仇，含恨离开楚国，准备借助其他诸侯国的力量为父兄报仇。而遍观诸侯，如今只有吴国正在同楚国对抗，于是伍子胥一路潜行逃奔吴国。

伍子胥逃亡之路异常的艰辛，留下了许多传说。据说他曾经向一位浣纱女乞讨饭食，并允诺日后必将报答。

伍子胥走后没多久，楚国的追兵就赶到了。浣纱女为了保守秘密，抱石沉江自尽身亡。伍子胥飞黄腾达后，来到浣纱女沉江处，以千金投入水中以示报答，据说这就是成语"千金小姐"的来历。

伍子胥还曾经向一位渔夫讨饭。渔夫说："你在树下等我，我去去就回。"伍子胥被楚军追怕了，害怕渔夫去报告自己的行踪，就深藏在芦苇中不敢出来。

渔夫拿着饭食回来，在树下没有找到伍子胥，就知道伍子胥怀疑了自己。伍子胥见渔夫没有领来追兵，才出来与渔夫相见。渔夫不满地问："我见君面有饥色，才会为君取饭，你怎么能怀疑我呢？"伍子胥感到非常惭愧。

二人吃罢了饭，伍子胥解下腰中的宝剑赠予渔夫，说道："此件价值百金，赠予老丈作为酬谢。"

"我听说楚王用粟米五万石来悬赏你的人头，若活捉你还可以封为显官，我会在乎你价值百金的宝剑吗？"渔夫答道。伍子胥再次感到惭愧。

伍子胥又询问渔夫的姓名。渔夫摇摇头说道："你只需知道你是藏在芦苇中的人，而我是一个渔夫也就可以了。"

临行时，伍子胥还是有些不放心，委婉地对渔夫说："请您不要暴露了自己。"渔夫点了点头。

伍子胥走了几步，只听到咚的一声，待他再转回头，发现渔夫已经将小舟弄翻，自己也沉到水里了。渔夫这样做是让伍子胥放心，自己已经死去，绝不会出卖伍子胥。

就这样伍子胥一路磕磕绊绊，逃到了楚国的边境昭关。在这里楚国有重兵把守，并画影图形捉拿伍子胥。

一个叫东皋公的老人收留了伍子胥。伍子胥无法过关，一夜之间急白了头，这反而让他看上去像个老人，和画像上的伍子胥大不一样了。

东皋公让一个长得像伍子胥的人先行过关，并故意表现出惊慌失措的样子。楚军怀疑他就是伍子胥将其抓获。楚军认为抓住了伍子胥，也就放松了警惕，白头发的真伍子胥得以顺利过关。

伍子胥来到吴国，在吴国的街市上赤裸着身躯，一边吹箫一边乞讨，以此希望引起别人的注意，这样反而使伍子胥结识了一些吴国底层的人才。

比如伍子胥见到一位叫专诸的勇士与人在街头斗殴，专诸愤怒起来似乎有万人不可阻挡的气概。伍子胥知道这是一位大侠客，便倾心与他结交。

后来伍子胥终于引起了吴国贵族公子光的注意，成为公子光的门客。

伍子胥覆楚

公子光是吴王诸樊的儿子。诸樊有三个弟弟：余祭、夷昧、季子札。诸樊知道四弟季子札贤德，就没有立公子光为太子，而是把王位传给了二弟，希望依次传下去，最终能让季子札成为吴国国君。

但是三弟夷昧去世后，季子札不肯做吴国国君，吴人就拥立夷昧的儿子公子僚做了吴国国君。这引起了公子光的不满。他日夜都在想办法夺取国君之位。

伍子胥为公子光谋划，让公子光发动政变，用专诸刺杀吴王僚。此后，公子光待专诸甚厚，但专诸说自己家有老母在堂须要尽孝，不肯动手，直到专诸的母亲去世后，专诸才决定行动。

为此，专诸专程到太湖边上，学习制作美味的太湖鱼。公子光又为专诸准备了一把锋利的短剑，这只短剑可以藏在鱼腹之中，称为“鱼肠剑”。

公元前 515 年，公子光邀请吴王僚来自己的府中品尝美味的太湖鱼。吴王僚带着大批甲士来赴宴。堂上堂下站满了吴王僚的亲信和卫队。

酒过三巡菜过五味，专诸捧着主菜太湖鱼缓缓上堂。此时公子光借故离席。专诸将太湖鱼捧到吴王僚面前，还没等吴王僚品尝，专诸便从鱼腹中抽出短剑，一剑刺死吴王僚。堂上顿时大乱，专诸也被吴王僚的卫队所杀。

这时公子光豢养的武士、门客、家丁一拥而上，将吴王僚的亲信悉数斩杀。公子光这才再次出现，稳定局势。他自立为吴王，即吴王阖闾。阖闾继位后，加封专诸的儿子为卿，并将专诸埋葬在吴国祖先吴太王陵墓旁边。

吴国立国在长江中下游的太湖流域，这一带在中国历史上开发较晚，没有大型的都市。吴国崛起之后，迫切需要修建一座与自己国力相适应的都城。

伍子胥充分考察了吴国山川地貌，并在太湖西岸选择一处地理位置极佳的地方帮助吴国修建了一座新的都城姑苏城，也就是今天的苏州城。

伍子胥建城是苏州城建城之始，伍子胥也成为苏州城的初始营造者。姑苏附近水网密布，是物产丰盈的鱼米之乡，水陆交通也极为便利。定都姑苏促进了吴国国力的发展，吴国变得更加强盛。

此后，吴王阖闾励精图治，任用伍子胥为相，著名军事家孙武为将，吴国的军事力量大为提高。孙武是齐国人。齐景公时，孙武为了躲避齐国的内乱，南下逃到吴国，隐藏在山中，专心著作《孙子兵法》。伍子胥曾先后七次向吴王阖闾举荐孙武。他带着兵法出山面见吴王阖闾，吴王阖闾赞叹孙武的军事才能，任其为吴国将军。

公元前 516 年，楚平王病死，楚平王与孟嬴之子熊轸继位为楚王，是为楚昭王。伍子胥闻听仇人去世，并没有消除心中的仇恨，反因楚平王得到善终而恨得牙根痒痒。吴国君臣为公为私，时刻都在伺机讨伐楚国。但楚国已将防御重点转向吴国，在吴楚边境陈列重兵，吴国一时找不到机会。

楚平王死后大约十年，公元前 506 年，楚国出兵围攻蔡国，蔡国遣使请求吴国援助。恰恰唐国因不甘楚国年年的欺凌，也主动派出使节与吴国结盟。如此，吴国便可借道蔡国、唐国，绕过楚国的防御重兵，直插楚国腹地。

当年冬天，吴王阖闾带领弟弟夫概、伍子胥、孙武等人亲率大军三万突袭楚国。吴军出其不意攻其不备，打得楚国措手不及，战线迅速向楚国腹地推进，最终双方在柏举（今湖北麻城附近）进行决战。

楚平王、楚昭王两代君主都很昏庸，楚军多年来只是欺负欺负周边小国，已经很久没有同第一流的大国打过硬仗。而吴军士气正盛，又有孙武这样的军事天才指挥，战争的结果显而易见。楚军全面溃退，几位将军不是战死沙场就是成为吴国的俘虏，再也组织不起有效的防御。

吴军继续向前挺进，攻无不取战无不克，经过多场厮杀，吴军的前哨终于远远望到了郢都高大的城墙。

楚军虽然在郢都附近集结了重兵，在吴军到来之前，他们发誓誓死保卫国都，但是真的望见了吴军的烟尘，楚昭王却率先逃跑，带着一群亲信和少数卫队急急如漏网之鱼逃到云梦泽中。

云梦泽烟波浩渺，是水贼的天下。他们可不管什么高高在上的君王，路过他们的地盘儿一律要留下买路钱。楚昭王受到水贼的攻击，不得不再次逃窜，最终落脚到他从来都看不上的小国随国。

吴国派出使节，以汉水之阳的田地作为交换条件，要求随国交出楚昭王。在短期利益面前，随国君臣没有头脑发热。他们知道，如果这时交出楚昭王，一旦有一天楚国再次复兴，随国将有灭顶之灾，果断拒绝了吴国的请求。吴国刚刚占领楚国，对随国也是鞭长莫及。就这样，楚昭王总算在随国的屋檐下有了一块安身之地。

国君临阵出逃，楚军自然大溃。吴军浩浩荡荡开入郢都。此时离吴楚柏举决战仅仅过去了十天。吴军的辉煌胜利来得太过突然，他们自己都一时难以回过神来。

在进入这座中国南方最大的都市之后，吴军的思想开始出现懈怠，他们理所当然地认为楚国已经被征服，吴国统一南方的霸业即将实现。于是吴国的决策者在最应小心谨慎之时却松了一口气。

他们的欲望在滋生着，他们的狂妄在蔓延着。吴王阖闾住进了楚国的王宫，将楚昭王的妻妾都当作自己的女人。吴国的大臣、将军们依次入住楚国大臣的府邸，不但占有了楚国大臣的财产，还将他们的家人当作奴隶。至于吴国大大小小的校尉、士兵，更是在郢都肆无忌惮地掠夺。

无论什么财宝美女，都不是伍子胥所要的目标。他要的只有仇人楚平王。然而楚平王已死，伍子胥怒火中烧，仇恨的火焰已将他吞噬。

他率兵亲自刨开了楚平王的陵墓，将楚平王拉出来暴尸，并对楚平王的尸体连抽三百鞭子，然后左脚踩在楚平王的腹上，右手抠出楚平王的眼睛。即使这样伍子胥仍然难以消除胸中的愤恨，他指着楚平王已经近乎零散的尸体大骂不绝。

申包胥哭秦廷

在楚昭王逃离郢都之时，申包胥也逃到了山中。申包胥得知吴军和伍子胥在郢都的行为非常气愤，就派人给伍子胥捎去口信——你报仇的行为也太过于偏激了吧。无论如何你也曾做过楚平王的臣子，楚平王即使生前与你有仇，但人死为大，你又何必这样侮辱他的尸体呢？这难道符合天道吗？

伍子胥对使者说：“我就像一个已经到了日暮时分，需要走的路程却还很遥远的旅人，我不倒行逆施使用非常手段，又怎么能够达到报仇的目的呢！”

申包胥见伍子胥是铁了心要灭亡楚国，丝毫没有一点点的故国情谊。他清楚地认识到，要想复兴楚国，只能借助其他诸侯国的力量。

晋国是楚国的对手，巴不得楚国灭亡，齐国远在东方，对楚国的态度也不明朗，其他诸侯国即使有心救援楚国，也无力出兵对抗吴国。如今唯一有可能也有能力帮助楚国复兴的就只有楚国的盟友加姻亲秦国。

申包胥昼夜兼程赶奔秦国，一路艰辛不提，这一日他终于到达秦国国都雍城，以楚国使者的身份在秦宫大殿上见到了秦哀公。

秦哀公早就知道了吴楚之间的战争，对于楚国迅速败亡，吴军踏入郢都，也感到非常震惊。但他还没想好，如何处理这一惊天突变的局势。他倒是十分愿意听一听楚国的使者申包胥如何说。

申包胥果然有一番慷慨陈词："吴国是一头莽撞的野猪，又是一条狠毒的长蛇，它多次对中原各国用兵，首当其冲就是我的祖国楚国。楚国国君守不住国家社稷，现在流落在草莽之中，他派我前来向您告急。吴国人的欲壑是无法填满的，如果楚国真的灭亡，吴国将与贵国接壤，那时贵国将永无宁日。希望您趁楚国还一息尚存，伸出援助之手，帮助楚国复兴，楚国将世世代代将贵国待为上国。"

秦哀公听了申包胥的话不置可否，仅仅是安慰道："请贵使先到馆驿休息吧，待我深思熟虑之后再答复贵使。"

申包胥一听此言，眼泪就流了下来："我国国君尚且无安身之地，我又怎能到馆驿休息呢？"

秦哀公此时已不再听申包胥作答，转身离席到后宫去了。

申包胥站起来靠在宫墙上痛哭，秦国人上上下下都不理他，任由他在宫中哭泣。而申包胥这一哭就是七天七夜，这七天七夜申包胥水米未沾唇，最后泪水哭干，声音嘶哑，他衰弱地倒在地上，气若游丝，奄奄一息。

秦哀公在后宫听说此事，长长一声叹息："楚国有这样的忠臣贤士，它怎么可能灭亡呢。"

秦哀公起身来到大殿，他对着申包胥吟诵了一首诗：

> 岂曰无衣？与子同袍。王于兴师，修我戈矛。与子同仇。
> 岂曰无衣？与子同泽。王于兴师，修我矛戟。与子偕作。
> 岂曰无衣？与子同裳。王于兴师，修我甲兵。与子偕行。

这首诗被称作《无衣》，保存在《诗经·秦风》之中，是一首民间诗歌。这首诗最早作于周幽王时期，是犬戎攻入镐京，秦人勤王，同犬戎浴血奋战时所唱的战歌，表现的是战士之间同仇敌忾、共同奋勇杀敌的场面。

秦哀公在此时吟唱这首诗的意思就是秦国同意出兵援助楚国，与楚军共同击退吴军。申包胥一下子来了精神，他连着给秦哀公磕了九个头，才起身坐下。

历来认为，申包胥在秦廷痛哭，以一己之力感动了秦哀公，秦哀公才同意救援楚国。此话看似不假，但将一位国君甚至一个国家的政治、军事行为仅仅归结为受到一位使臣的感动，这恐怕也夸大了申包胥的作用。

秦哀公决定援救楚国，不是感情用事，更多的是出于秦国国家利益的考虑。

秦国虽然不愿见到楚国强大，但同样不愿见到楚国灭亡。毕竟只有楚国才能制衡晋国，一旦楚国消失，晋国独大，这对秦国并没有好处。

那么楚国灭国，吴国随之强大，能否代替楚国继续与晋国争衡呢？自然是可能的。但是就像申包胥所说，吴国像野猪一样蛮横，像长蛇一样狠毒，吴国在楚国的所作所为似乎也证明了这一点。

一旦吴国强大，虽然它有可能成为晋国的劲敌，但它是否会攻击秦国也未尝可知。这样，未来的局势充满了不确定性。而如果秦国出兵援助楚国复兴，楚国不但可以继续与晋国争衡，而且还将感恩于秦国再造之恩，唯秦国马首是瞻。

这样一来，将来各国间形势的不确定性就会大大减小，可以预期的、对秦国的有利因素就会大大增加。更何况楚昭王是楚平王与秦国公主孟嬴的儿子，两国国君有着舅甥的关系。所以秦哀公打心眼里是倾向于援救楚国的。

试想如果秦哀公真的铁了心不想援助楚国，申包胥根本没有机会在秦国的宫殿上哭泣七天七夜。即使申包胥死皮赖脸不走，秦哀公将其乱棍打出不好吗？再不走，将其抬出去扔掉不好吗？堂堂的秦国宫殿岂是一个外臣哭哭啼啼的地方。既然允许申包胥在这里哭，秦哀公就有秦哀公的打算。

但是秦哀公为什么要等申包胥哭泣七天七夜之后，才做出援助楚国的决定呢？

秦哀公复楚

不是秦哀公愿意听一个大男人在自己的宫殿上号啕，他是一直在思考援助楚国的成功概率到底有多大。

秦国的军事力量本身就不如楚国，而吴军能够打败强大的楚国，秦国自然也不是吴国的对手。一旦秦国发兵援助楚国，击败吴军帮助楚国复兴，自然是重大的战略胜利，但想要取得这样的战略胜利是有成本的，也是有风险的。

秦军若被吴军击败怎么办？不但丧师辱国，反而为吴国下一步攻伐秦国提供了口实，这岂不是引火上身，自找苦吃？申包胥这七天七夜哭得声嘶力竭，秦哀公这七天七夜同样辗转反侧。

他系统分析了目前的局势。楚国虽然失陷了郢都，楚昭王却并没有被俘或死去。他在随国虽然寄人篱下，但仍可以向残存的楚军发号施令。

伍子胥虽然有冤有恨，然而这只是对其个人而言，绝大多数的楚人是不能理解他的痛楚的。即使理解伍子胥，也不能容忍吴军在楚国土地上的行为。对于楚人来讲，吴军是赤裸裸的侵略者，他们的强盗行径引起楚人的强烈反抗，这是楚国有可能复兴的内部基础。

就外部环境来看，吴国同样不得人心。吴国在郢都的行径，在今天的人们看来似乎理所当然，一个国家灭亡另一个国家就是这个样子。那是因为今天早已人心不古，人们早已认可了战争的残酷。

在春秋时期，社会发展还没有达到礼崩乐坏的程度，政治外交甚至军事行动都显得彬彬有礼。对待敌人能制一服，不至一死。即使攻入敌方都城，也尽量不进行破坏。这样来看，吴国在郢都的行为就显得野蛮无礼，而像伍子胥那样，挖坟掘墓对敌国先君进行鞭尸辱尸的行为，在当时更是绝无仅有。吴国的行径已经引起了各国舆论的哗然，各诸侯国对此都愤愤不平，此时秦国出兵援楚，是顺应天下人心舆论的。

秦哀公想明白了这几点，也就敢于去试一试赌一把了。令秦哀公感到欣慰的是，他赌赢了。

秦哀公以子蒲、子虎为将领，率领五百乘兵车出师援楚。楚国的残兵败将正在边境线上对秦军翘首以盼。秦军的到来极大地鼓舞了楚军的士气，加之楚军是亡国的哀兵，战斗力倍增。数天前还到处被动挨打的他们，一下子脱胎换骨，从病猫变成了猛虎。加之秦军的援助，秦楚联军锐不可当。

吴军本来已经在品尝胜利的果实，对秦军加入吴楚之间的战争丝毫没有心理准备，一下子失去了还手之力。一处败，处处败，秦楚联军如推倒了多米诺骨牌一般，杀得吴军接连倒下。偏在此时，又有一个诸侯国加入了战团。那就是在吴国背后时刻紧盯着它的好邻居越国。

如果说谁不愿意见到吴国强大，恐怕楚国、秦国还要排到第二、第三，排名第一的是越国。吴越之间互为死敌。越王非常清楚，如果吴国真的吞并了楚国，那下一个受害者就是自己，所以越国根本不用申包胥那样的人在朝堂上哭泣，它主动就趁吴国倾全国之兵攻打楚国，后方空虚之际发兵攻吴。

在楚国处处挨打，本土又遭到越国的偷袭，吴国的形势急转直下。胜利所掩盖的内部矛盾在失利时凸显出来。吴王阖闾的弟弟夫概率心腹迅速回国，自立为吴王。

阖闾闻听这个消息简直如五雷轰顶一般，他只能将吴军分兵两路，自己带领一路回国平叛，伍子胥、孙武等将领率领一路继续在楚国与秦楚联军周旋抗衡。

好在吴王阖闾经过殊死厮杀，击溃了夫概的军队，又赶走了越军，稳定住了国内局势。但是伍子胥与孙武率领孤军在楚国奋战，却越来越处于劣势，最终只得放弃刚刚到手的土地，退回吴国休整。

楚国光复了。楚昭王又回到了郢都，虽然昔日豪华的宫殿已变得满目疮痍、破败不堪，但楚昭王仍然居中而坐，高高在上，对有功之人进行封赏。申包胥是首功之臣，楚昭王封给他五千户。当时人口稀少，五千户已经是极大的赏赐了。

而申包胥却希望功成身退。他认为自己所做都是身为臣子的本分，因而拒绝了楚昭王的赏赐，到山里做隐士去了。

秦国在此次帮助楚国复兴的战争中，极大地提高了自己的声誉，重新成为第一流的强国，秦楚联盟更加稳固。因为楚国实力被吴国削弱，秦国又被晋国锁在关中，而晋国又将重点关照对象转向正在兴起的吴国，秦楚联盟乐得与晋国相安无事。

此后多年，秦、楚、晋之间再无大的战事发生，秦国度过了一段相对平稳的太平日子。

第十二章 你好战国

新时代

在这段太平日子里，秦国的社会缓慢地向前发展着，但仍然是春秋各国中社会制度经济制度最落后的国家。其他国家正在逐渐进入封建社会之中，而秦国似乎一直处在顽固的奴隶制包围中，停滞不前。秦国更加被中原诸侯国视为落后的代表，但是这种落后，反而拯救了秦国的公室。

在春秋与战国之间，很多国家都发生了卿士、大夫夺取国君权力的事件，终其原因是那些卿士、大夫已经开始代表新兴地主的利益，而国君仍然代表守旧的奴隶主利益。新旧阶级的对立与冲突，致使国家政权的归属发生变化。但是，秦国因封建制生产关系仍处在萌芽状态，地主阶级实力弱小，还不足以挑战以国君为代表的奴隶主阶级的统治地位，故此国君的地位非常稳固。

鲁国是最早出现封建生产关系的诸侯国。早在公元前 594 年，鲁国便出现了“初税亩”。当时天下所有的土地都属于周天子，周天子将土地分配给诸侯，诸侯又将土地分配给卿士、大夫直至农民，因而农民耕种的土地称为公田。

随着耕牛的运用及铁制农具的普及，农业生产力水平大幅度提高，公田已经满足不了农民的耕作需求。农民开始偷偷地拓荒开田，这部分田地称为私田。公田要向政府纳税，而私田因国家并不承认，则不必纳税。

鲁国国君为了增加国家的财政收入，规定无论公田私田一律纳税，税率为十税一，也就是将土地产量的 10% 纳税。这看似对农民不利，实际上却是承认了田地的私有制，封建土地关系得以确立。

因为初税亩最先在鲁国实行，也使得新兴地主利益的代表最先在鲁国夺权。公元前 562 年，鲁国掌权的三家卿士季孙氏、叔孙氏和孟孙氏将鲁国军队编成三军，每家各率一军，这样就相当于剥夺了鲁国国君的军队指挥权，被卿士控制了经济命脉又失去了军权，鲁国国君自然成为傀儡，仰仗着三家的供给来勉强维持公室的生计。

在鲁国实行初税亩之后，楚国、郑国、晋国等诸侯国也陆续实行类似的制度。特别是晋国，当时晋国掌权的六卿即赵氏、魏氏、韩氏、智氏、范氏和中行氏，分别在他们的封地内废除了井田制，承认农民对土地的私有。除赵氏以外的其他五家都实行“五税一”的抽税制度，也就是税率 20%。只有赵氏，不征收地税，因而赵氏得到农民最广泛的支持。

公元前 497 年，赵氏发生内乱。以晋阳为封邑的赵鞅希望将邯郸的五百户人口迁往晋阳，归自己所有。这必然损害以邯郸为封邑的邯郸大夫赵午的利益。双方发生纠纷，赵鞅杀死赵午，赵午之子赵稷在邯郸叛乱。

赵午是中行氏族长中行寅的外甥。中行寅看到赵氏内乱，就以为外甥报仇的名义联合范氏共同讨伐赵氏。战局开始对赵鞅非常不利，赵鞅丢失了晋国国都绛（今山西翼城东南）而退守自己的封地晋阳（今山西太原西南）。

六卿中的其他三家智氏、韩氏、魏氏因与范氏和中行氏争权，起兵帮助赵氏。范氏和中行氏不敌，出奔朝歌。赵鞅随后率晋军对范氏和中行氏穷追猛打，最终灭亡了两家。赵氏与帮助自己的智氏、韩氏、卫氏共同瓜分了范氏、中行氏的土地，由此六卿变为四卿。

公元前 475 年，赵鞅去世后，智氏的族长荀瑶成为晋国正卿，执掌国柄，人称智伯。荀瑶以公谋私，不断扩大智氏的势力，使得智氏逐渐成为实力比韩、赵、魏三家都强大的卿士。

春秋末年吴越争霸，最终越王勾践讨灭了吴王夫差。勾践北上会盟诸侯成为春秋最后一位霸主。此事刺激了长期作为春秋霸主的晋国。作为晋国正卿的荀瑶，应当带领晋国励精图治，重新夺回霸主地位，但是他却继续以权谋私，以一些冠冕堂皇的理由行中饱私囊之实。

如他派出使者，对韩、赵、魏三家说：“我们晋国的霸权之所以被越国夺取，是因为晋国公室不够强大。我们四卿占据着晋国大量的土地，现在我决定拿出自己的一百里土地和一万户的人口献给公室。你们怎么做就看着办吧。”

这话听上去好像很大公无私，实际上包藏祸心。韩、赵、魏三家如果将土地献给晋国公室，智伯完全有能力在将来某个时间以某种理由再以晋国国君的名义将这部分土地赐予智氏。

如果这一计划得以实行，韩、赵、魏每家损失一百里的土地，而智氏就要得到三百里的土地，韩、赵、魏三家的实力将与智氏差距越来越大，最终将对智氏无还手之力。

每个人都可以看清其中的阴谋，却不是谁都敢于奋起反抗的。韩、魏两家乖乖献上了一百里的土地和一万户的人口。但是赵氏的族长赵襄子不吃那一套，他断然拒绝了智氏的提议。

三家分晋

智伯与赵襄子早就有嫌隙。当初二人曾共同率兵包围郑国国都，智伯想让赵襄子率先攻城，赵襄子知道这是智伯让自己的军队做炮灰，就百般推脱，让智伯率先出兵。

智博辩不过赵襄子，便恼羞成怒说："你这个丑陋的怪物、胆小的懦夫，我真不明白你父亲为什么选你做继承人。"

这话是非常无礼的，而赵襄子表面上却丝毫不为所动。这也体现了赵襄子的政治素养。今日智伯向赵襄子索要土地和人口，赵襄子却再不能不为所动。

智伯见赵襄子不就范，就带着韩魏两家组成联军，共同讨伐赵襄子，声言剿灭赵襄子后，三家共分赵家的土地。

赵襄子对付智伯一家尚且无力，更何况是来势汹汹的三家联军。他只得退守自己的根据地晋阳，准备做最后的抵抗。

好在赵家在晋阳颇得民心，对农民不征税，农民害怕赵家灭亡后，其他三家将向自己征收重税，于是和赵家齐心协力保卫晋阳。

渐渐地，晋阳城内武器不足，赵襄子甚至将宫殿的铜柱都熔化掉做了箭镞射向城外。就这样，智、韩、魏三家联军猛攻晋阳一年，居然都没有攻下来。转眼到了第二年夏季，晋阳附近山洪暴发，汾河水猛涨，智伯掘开了汾河的堤坝，以水淹灌晋阳。

转眼间城内到处是水，天灾人祸使晋阳城内的居民举步维艰。军民只能在树上居住，也只能将锅悬挂起来做饭。即使这样，晋阳城内的居民仍然没有背叛赵氏的意思。但是，这样自然是不可能长久的，赵氏的灭亡就在眼前。

在这最艰难的时刻，赵襄子的家臣张孟谈对赵襄子说："韩、魏两家是被智伯逼迫而来，请让我出城游说他们，给智伯反戈一击。"

赵襄子也知道，这可能是拯救赵氏最后的办法了。于是张孟谈借着夜色的掩映只身出城，来到韩家与魏家的大营，向魏氏的族长魏恒子与韩氏的族长韩康子说明来意，希望二人能够临阵反水，韩、赵、魏三家一起攻灭智氏，平分智氏土地。

魏恒子与韩康子心里非常明白，如果智氏歼灭了赵氏，晋国将出现智氏一家独大的局面，魏氏与韩氏的厄运也就不远了，赵氏的今天就是他们的明天。但如果韩、赵、魏三家联合歼灭智氏，晋国则会出现韩、赵、魏三家势均力敌的局面。很显然，后者更符合韩、魏两家的利益。

在共同利益面前，三方一拍即合。他们约定时间，韩、魏双方共同倒戈，占领智氏军队把守的大堤，掘开大堤使汾河水灌入智氏的军营。赵氏的部队也从晋阳城中冲出，三方合力攻击智氏的军队。智氏的军队虽然强大，但对于战场上的这一突变没有任何准备，一下子被韩、赵、魏三家的军队击垮。

智伯想要再次组织进攻已不可能。他想逃回封邑，却被赵襄子的军队抓获。赵襄子对智伯已经恨入骨髓，不但将其杀死，还将其头骨雕刻上漆，制成酒杯。每每想到智伯，便拿出来斟满美酒，喝上几杯。

当然这是后话，现在还来不及喝酒。赵襄子杀死智伯后，亲自带领韩、赵、魏三家军队攻占了智氏的封地，并将智氏数百人屠杀。不过智氏仍有漏网之鱼，智开与智宽先后率领部分族人投奔秦国避难，为智氏留下了一些血脉。当然这已经无补于智氏政治势力在晋国的消亡了。

韩、赵、魏三家瓜分了智氏的土地和人口，势力更加强大。从此，不但智氏在晋国被涤荡干净，晋国公室也已经名存实亡，甚至晋国国君要去朝拜韩、赵、魏三家。

虽然此时周天子还没有正式册封韩、赵、魏为诸侯，但韩、赵、魏在事实上已经取得了独立地位。这一年是公元前 453 年，很多学者以此年作为春秋与战国的分界线。

当然，春秋与战国应是哪年分割，在历史学界有不同看法。第一种观点，也就是长期以来的主流观点是以公元前476年作为分界线。这一年是周元王元年，并无重要历史事件发生，但已约定俗成。

第二种观点则是以公元前481年作为分界线。因为鲁国的编年体史书《春秋》就记载到这一年，所以以这一年作为春秋时期的截止时间。

第三种观点就是以公元前453年，韩、赵、魏三家攻灭智氏作为分界线。

第四种观点是以公元前403年，周天子正式下诏认可韩、赵、魏三家为诸侯，作为春秋时期结束的标志。

春秋与战国的历史是一脉相承，一贯而下的，这期间并没有王朝的更迭。即使晋国，也没有因为韩、赵、魏三家成为正式诸侯而灭亡。晋国公室虽然失去了绝大部分的土地和权力，但仍然在自己狭小的地盘上苟延残喘。直到公元前375年，韩、赵、魏三家将晋国公室最后的一寸土地瓜分完毕，晋国才彻底灭亡。因此，纠结于究竟在哪一年哪一月哪一日哪一时哪一刻历史由春秋进入了战国，实际上并无太大意义。

一切都在变

“三家分晋”，韩、赵、魏自立门户，看似是晋国内政，与晋国的强邻秦国无关。但诸侯争霸，牵一发而动全身，没有谁可置身事外。

晋国分裂，秦国是最大的受益者。晋国一直是春秋霸主或强国，如果这个强大而统一的“隔壁”一直存在，秦国想要东出崤山，难上加难。如今好了，晋国分裂为韩、赵、魏三家，虽然三晋的实力之和等于晋国，甚至由于各国在立国初期的那股生机和猛劲，其实力之和还大于曾经的晋国，但三晋之间毕竟互不统属，政令不一，不但会相互掣肘相互拆台，甚至还会因分家时所遗留的旧问题和独立后所产生的新问题相互之间兵戎相见。这就给了秦国分而化之、各个击破的可能。应该说历史给了秦国前所未有的良机。

当然，这一良机还只是将来式，在春秋与战国相交的这段时间内，秦国仍然没有能力跨越晋国或后起之秀韩、赵、魏三国向东发展。秦国国君秦厉共公转而越过秦岭向南发展，并开始着力解决内部民族问题。

当时秦国已经同蜀国在汉中地区产生了接触。汉中是秦国与蜀国的中间地带，原本属于蜀国。秦人越过秦岭之后，看中了汉中这片世外桃源丰富的物产，更看中了汉中对于进攻巴国与蜀国的战略价值。

秦人将汉中的蜀人势力赶走，并在此地修建了一座南郑城。此后，南郑虽然时而被蜀国占领，时而又被秦国夺取，但秦人一直将此地视为秦国天然的势力范围。直到今天汉中也不属于四川，而属于陕西，虽然它的民风更接近于四川，虽然它同陕西隔着茫茫的秦岭。

在秦国内部仍然存在着大量西戎族部落，其中以义渠与大荔最为强盛。他们皆自称为王，并筑城数十座，成为秦国的心腹大患。秦国同义渠与大荔进行反复角逐。公元前 461 年，秦厉共公派军两万攻打大荔，夺取了它的王城，迫使其向北迁徙。公元前 444 年，秦厉共公又派兵征讨义渠，俘获义渠王，义渠也被迫北徙。义渠经过十多年的休养生息，力量再次强大。公元前 430 年，新任义渠王起兵攻秦复仇，从泾水之北一直打到渭水之南，迫使秦国势力一度退出渭水下游。此后，义渠控制了北到河套地区，南达渭水流域，东到陕北高原，西至陇西戈壁广阔的地域，成为压在秦国头顶上的一座大山。

从春秋到战国，变的不只是一个时代的名字，似乎一切都在悄然起着变化。

“变”成了这个时代的主题，尤其是各个国家对于旧制度、旧法律的改革与新理政方式的建立，成为这个时代最引人注目的现象。这种国家制度、法律与理政方式的变化称为“变法”。

魏国、赵国、韩国是在晋国的躯体中诞生出来的新兴国家，新兴使得它们充满活力，新兴也使得它们生存最为艰难，新兴同样使它们感到旧的制度、法律对于国家前行深深的阻碍。这其中魏国论军事力量不如赵国，论经济富庶又不如韩国，最有上升的空间与上升的欲望。

在地理位置上，魏国沃野千里，气候温润，四通八达，但由于历史的原因，却被分割成好几个互不相连的小块。这样的地理位置是一把天然的双刃剑，如果国家强大就可以保护农业生产进而四面出击，东征西讨，建立霸权，将国土连为一片。如果国家羸弱，则会成为其他诸侯眼中的肥肉，四面受气，四面挨打，甚至被分而食之。因而魏国的主人魏文侯最具有危机感与进取心，他率先揭开了变革的序幕。

李悝变法

公元前 422 年，魏文侯任用三十二岁的李悝为相，实施了战国诸侯的第一次变法。

魏文侯下定决心变法革新，对李悝用人不疑，他对李悝说：“先生临事勿让，只要放手去做就好了。”

这种气魄与担当是变法能够推行下去的重要保障。变法需要得罪既得利益集团，他们会殊死抗争诋毁变法，并与改革者结下不共戴天之仇，此时国君的压力恐怕比改革家还要大。如果国君不能坚定意志，咬紧牙关，变法很容易半途而废。

李悝变法虽为战国首次，但较为深刻全面，涉及政治经济军事等多方面制度。首先是废除井田制。井田制是西周时期流传下来的土地所有制度，天下的土地都归周王所有，所谓“普天之下，莫非王土。”周王将土地分给诸侯或王室大臣，诸侯再分给大夫，这样逐级分到庶人手中。因田地被划分成小地块儿，阡陌纵横如同“井”字，故称“井田”。庶人在井田中集体耕种，被称作井田农。

在李悝变法之前，井田制已经濒临崩溃，但公然提出废除井田制，李悝变法是第一次。明令提出废除井田制等于明确承认个体小农对土地的私有，使依附于旧贵族的井田农变为了独立自主的自耕农。

废除井田制看似是一项改变土地所有制度的经济改革，但透过它的经济表象可以看到深刻的政治内涵。往大方面说，周天子分封给诸侯的土地就如同大号的“井田”，废除井田制承认土地的私有，等于也要承认诸侯国土地私有，到那时，周天子还是天下共主吗？

当然，当时世袭贵族势力非常强大，对于井田制的废除，虽然有了很多的实践，并非仅仅停留在纸面上，但也不可能在魏国全国范围内推行。

贵族势力不易撼动，但还可以在有限的条件下激发劳动者的热情，最大限度利用土地的价值，同时为劳动者提供稳定的社会保障。数项措施并举，使魏国的农业经济得到很大发展，国家的经济实力显著增强。

在政治方面，李悝大胆地废除世卿世禄制度，提出了以功授禄，用人唯才，赏罚分明三大政策。这样可以最大程度上淘汰庸腐，招揽四方有志有识之士，使得魏国在统治阶层上新陈代谢，吐故纳新，永远保持新鲜的活力与富于营养的血液。卫国人吴起就是被这样的政策吸引而来到魏国的。他在魏国施展抱负，并最终成为一代名将。

在春秋时期，成为一名士兵为国家、国君战斗是一项光荣的使命。只有城里人也就是“国人”才可以享受这样的荣光，乡下人也就是“野人”是没有当兵的权利的，这样自然极大限制了兵源。李悝改革这一军事制度，只要身体能力和作战技巧达到一定标准就可以参军，成为一名士兵，一旦成为一名士兵，就可以享受诸多优厚的待遇，比如赐给土地，比如免除徭役，甚至给予一定的政治地位。

这种兵制改革无疑是要最大限度发挥国家人力资源中所蕴含的军事力量，其目的只有一个：在战争中获胜。它的弊端也显而易见，兵员增加了，战争的规模扩大了，死伤自然也就多了。春秋时代的战争杀伤力不大，人们在作战过程中也尽量彬彬有礼，保持君子之风，对敌人能制一服不至一死。

自战国之后，战争出现了大规模杀伤，甚至一场战役可以导致数十万人的死亡。各国为了在战争中获胜，无所不用其极，战争在不断升级，不断加码，越来越残酷，越来越血腥。

这么多的改革措施，只有落实到法律条文中，才能长久有效地贯彻下去。李悝汇集各国法典精华，并根据自己的变法内容，制定了一部《法经》，成为变法的法律保障，同时也成为后世数千年中国封建社会法律之蓝本。

李悝变法取得巨大成效，它如同一场高强度的健身运动，虽然不能使魏国脱胎换骨，却使魏国强壮了肌肉。经过长达二十年的有效锻炼，魏国终于可以向周边国家秀一秀肌肉了。

向谁秀？向秦国秀。

第十三章 巨变前夜

痛失河西

魏国立国在原先晋国的河东之地，与秦国的河西之地仅隔一条黄河。而秦国的河西之地原本也是晋国的土地，当初秦穆公在韩原之战中俘虏晋惠公，以此为要挟夺得河西之地。此事晋国人念念不忘，希望有一天能将河西重新纳入晋国版图。三家分晋后，收复河西的使命落在与河西接壤的魏国头上。

公元前 419 年，魏国西渡黄河，在今天的陕西韩城西南一带筑造了一座城池名曰少梁，作为魏国攻占河西的桥头堡。秦国当然不允许这样一颗眼中钉的存在，派兵疯狂进攻少梁。然而魏军却一直坚守城池不失，经过几番较量，秦国不但没有拿下少梁，反而眼看着更多的魏军源源不断地渡过黄河。秦军转而在黄河沿岸建造工事，希望将魏军阻止在滩涂上，就这样喊杀声伴着滔滔的黄河水声在黄土高原的天空中徘徊了数年。秦军始终没有将魏军赶过黄河，魏军终于在黄河以西站稳了脚跟。不但如此，魏军还大举进攻，一直挺进到渭河平原的郑地，也就是今天的陕西华县一带。

在接连取得一系列胜利之后，魏文侯的野心已经不再仅仅是向秦国秀一秀肌肉了，他看到了完全收复河西的可能性。公元前 409 年，魏文侯将河西卫军的指挥权交给了一个叫吴起的人。吴起本是卫国人，他家资巨万，但痴迷于政治，在卫国多次寻找从政机会，不但未能如愿，反而致使家道中衰。

吴起一气之下离开卫国，到鲁国发展。后齐鲁交恶，敌军来袭，鲁国国君本打算起用吴起为将，但吴起之妻为齐国人，鲁国人对他心存怀疑。情急之下，吴起居然杀妻以表绝无二心。吴起终于如愿以偿当上鲁国将军，并率军大败齐军，从此扬名战国。可见吴起确实很有军事才能，但此人为达目的无所不用其极。

后来，吴起在鲁国还是遭到猜忌和排挤，又辗转流亡到魏国。魏文侯曾向臣下李克询问吴起的德才，李克评价说："吴起此人贪财而好色，然用兵天下无人能敌。"

此时魏国正是用人之际，魏文侯于是大胆任用吴起为魏军对秦作战的主将。吴起果然不负重托，在河西攻城破寨，打得秦军节节败退。吴起率领的魏军不但进攻犀利，而且稳扎稳打，能够将胜利成果巩固下来。他每占据一处，都会重新修筑城防，使之成为魏军新的坚固据点，秦军想要反扑都难。

吴起在军旅之中，与战士同吃同睡，夜晚卧不设席，直接睡在地上，并以树叶遮体保暖，出行不骑马也不坐车，和普通士卒打成一片。有士卒生了脓疮，吴起亲自用嘴给士卒吸脓，这样的主将怎能不受士兵爱戴。

就这样，不过数年时间，吴起就完全收复了秦穆公时期晋国割让出去的河西土地。魏文侯大悦，传命在河西设置河西郡并以吴起为郡守。

吴起在做郡守期间，非常懂得如何调动普通民众的积极性参与防御。秦国有一前哨堡垒靠近河西郡领土，对河西郡有一定的威胁。吴起想要端掉它，但又不值得征调军队。吴起便在北门放了一根车辕木，对百姓们说："谁能将它扛到南门，就赏赐田宅。"起初人们都不相信，后果然有人将车辕木扛到南门，吴起也没有失言，果然赏赐了那人田宅。

随后，吴起又将一袋红豆放在东门，告诉大家谁能将红豆搬到西门，同样赏赐田宅。于是百姓们疯抢红豆。吴起同样兑现了诺言。然后，吴起对大家说："我们将去攻打秦国的哨所，谁能冲锋陷阵，就赏赐谁宅田，若立大功便拜为大夫。"百姓们争先恐后蜂拥而上，一下子就把秦国的前哨堡垒端掉了。

吴起激励将士杀敌立功也很有一套。他曾经对魏文侯的继承人魏武侯说道："要做到发布命令将士听后都很欢喜，出征之后将士都希望作战立功，两军交战将士都能前仆后继视死如归，这样战争才能取胜。如何能够做到这几点，就要对有功人员大肆奖赏，对无功人员进行激励。"

魏武侯按照吴起的建议，在庙堂上举行盛大宴会，都是依次论功而坐。凡是有功之人坐在前席，使用精致餐具，享用上等美味。无功人员坐在末等，用的是粗糙的器具，吃的是粗粝的食物。而这些将士的家属站在门外也依其功劳大小给予不同的赏赐。如此一来，人人皆有奋勇杀敌之心。

失去河西，是秦国之痛。秦国时刻想要收复。公元前 401 年、公元前 393 年、公元前 390 年，秦国连番对河西进攻，魏国军队则在吴起的带领下与秦军鏖战。

公元前 389 年，秦国出兵五十万进攻魏国的阴晋（今陕西华阴市东南）。魏国士兵纷纷要求上战场杀敌立功。吴起专门挑选了五万名从未立过战功的战士迎击秦军。这些战士都想在此战中立功受赏，士气可想而知，他们以一当十，五万魏兵击破秦国五十万众。

至于为什么魏军五万人可以击败秦军五十万人，吴起曾对魏武侯说：

“人有长短，气有盛衰。即使是一个亡命之徒隐伏在旷野之中，让一千人去围捕他，这一千人也会战战兢兢有所畏惧，那是因为每个人都害怕亡命之徒突然站起来伤害自己。因此说一人舍命，足以令千人胆战心惊。我所率领的五万魏军，每个人已经收到了我的激励，都像亡命之徒一样，五十万秦军又怎么是对手呢？”

阴晋之战这样大规模的战役居然没有出现在《史记》等史书中，仅在《吴子》一书中有所记载。因此这场战役的真实性值得怀疑。在当时，依照秦国的国力，能否集结五十万士兵作战？至少这一数字有可能并不准确。但在短时期内，魏军在吴起的带领下战败了秦国的多次进攻，牢牢守住了河西是没错的。

四代乱政

秦国失去河西重地，只是秦国在战国初年内忧外患集中爆发的一个重要反映而已。

战国初年，是秦国立国以来最为黑暗的一段岁月。在对外方面，秦国接连失地，不但被魏国夺去了河西，被义渠王压在头顶之上，就连秦国在汉中新修筑的南郑城也叛秦而去。秦国的地位每况愈下，中原诸侯会盟已经不再邀请秦国参加，将其排除在了“游戏”之外。

在对内方面，秦国贵族势力抬头、壮大，在贵族私利的干扰下，国君的承续变得不再正常。这一现象在秦厉共公时代就有所显现。“厉”的意思是杀戮无辜，通过这个谥号就可以知道，在当时一定有君臣不和的事情发生，秦厉共公并对此运用过铁腕手段。秦厉共公去世后，秦躁公即位。“躁”也不是一个好的谥号，意思是好变动民，让国家躁动不安。此时可能也发生过公室与贵族之间的冲突。

公元前428年，秦躁公去世后，秦国国政操纵在庶长晁的手中。庶长晁立秦躁公的弟弟为国君，是为秦怀公。秦国内政正式进入混乱时期。仅仅过了三年，庶长晁就与其他大臣合谋围攻秦怀公，并最终逼迫秦怀公自杀。秦怀公是秦国唯一一个自杀的国君。因历史记载过于简练，其中到底发生了什么惊心动魄的事件，致使一国国君自杀，今天我们已不得其详。

秦怀公的太子早于怀公去世，大臣们只得立太子之子为国君，是为秦灵公。秦灵公在位十年，这十年就是魏国进攻河西并在河西立足那段时间。秦灵公在位期间，曾修建专门场所祭祀炎帝与黄帝，这是中国祭祀炎黄之始，此后秦国国君，秦朝之后的历代皇帝，都延续了祭祀炎黄的传统。

公元前415年，秦灵公去世。秦灵公有一子，名叫公子连。此人头脑灵活，颇有干才。然而守旧的大臣们为保证自己的权利得以延续，反对公子连继位，而是从晋国接回秦灵公的叔叔嬴悼子继位，是为秦简公。公子连最终出走魏国。

父死子继，兄终弟及，都是可以被接受的国君继承顺序，而叔叔跑来继承侄子的君位，其中一定有着某种不能言说的原因，但是因为历史记载过于简练，并没有给后人留下精彩的细节。

秦简公虽然君位得之不正，但他在位十五年，却进行了两项很著名的改革措施。

在经济上秦简公实行了“初租禾”，承认耕种者对所供土地的所有，并以实际产量为准按亩征收地税。“初租禾”是类似于鲁国初税亩的经济政策。但此时已是公元前408年，比鲁国实行初税亩晚了一百八十六年。

在政治上，秦简公于公元前409年允许官吏带剑防身，随后于次年又允许百姓带剑。允许官吏百姓带剑，在今天看来似乎天经地义，但在当时却是重大的政治改革。在此之前，只有贵族才有带剑的权利，普通的官吏和老百姓是不允许带剑的。这一改革至少传递了两个信号：

第一，贵族的特权在逐渐消失，起于下层的官吏和仍处于下层的百姓，只要通过自己的努力就可以获取上升通道，至少在礼制上取得同贵族类似的权利。

第二，秦国的冶金技术正在长足地发展，剑已经变得不再稀罕，其产量足以让大多数人所拥有。这也成为秦国在将来能够建立起一支足以让天下震恐的军事力量的基础。

秦简公时期，魏国已经尽取秦国河西之地。秦国东部门户大开，随时有被魏国攻入腹地的危险。秦简公被迫加强防御，在秦魏边境上修筑长城，这条长城被称作秦东长城，虽然全长仅五十公里，不如后来秦始皇所修筑的万里长城的百分之一，但它却是战国时期最早修筑的长城，后世万里长城的鼻祖。

秦简公去世后，其子秦惠公继位。因春秋时期，秦国已有一位国君被称为秦惠公，这位战国时期的秦惠公便被称为秦后惠公。秦后惠公时代，秦国曾组织收复河西军事行动，先前我们提到的晋阴之战即发生于此时。这一时期内，秦国还曾对蜀国发起进攻，攻取了蜀国的汉中，收复了背叛秦国的南郑。

从秦怀公、秦灵公、秦简公到秦后惠公，秦国这一历史时期被称作“四代乱政”。秦后惠公去世后，其子出子继位。这位秦国新君继位时年仅两岁，秦人将其称为小主，将小主的母亲称为小主夫人。小主年幼不能理政，小主夫人听政。她任用保守势力，很多有贤德的人都退隐以求自保，百姓对小主夫人的政策感到怨恨，秦国国内人心浮动。

夺位

在魏国流亡的公子连看准时机，准备率领自己的支持者回国与小主争夺国君之位。此时公子连已经在魏国寓居二十多年。他目睹了魏国的强大，面对魏国的蒸蒸日上，反观父母之邦的衰败凋零，公子连看在眼里急在心上。而如今秦国主幼国疑，他怎能甘于做一位流亡的公子。

正当公子连计划回国夺位之时，魏武侯却派人来试探公子连的态度。魏武侯承诺支持公子连回国抢夺秦国国君之位，但作为回报，魏武侯希望公子连继位之后能与魏国友善相处。

公子连心里清楚，所谓的友善相处不过是听起来比较顺耳的托词罢了，真正指向的意思是希望公子连用秦国的国家利益作为魏国支持自己回国的交换条件。这个条件至少是秦国要官方承认河西之地是魏国的领土。

当年秦穆公护送晋惠公回国即位，晋惠公以河西的土地作为对秦国的报答。如今魏武侯准备护送公子连回国继位，也希望公子连像晋惠公一样，将河西的土地作为对魏国的报答。

很可惜，公子连不是晋惠公，他深知秦国与魏国是世仇，如果自己出卖秦国的利益，在魏国的支持下回国，反而会失去秦国国内贵族大臣与民众的支持，这是万万不可行的。但公子连也不是晋文公，他无法再等待十九年，于是他婉言谢绝了魏国的“好意”，决定凭自己的能力回国争位。

公子连在自己手下的支持者中，挑选了一些能言善辩的人先行回国。在全国散布公子连即将回国继位的消息，鼓动秦国人心，希望得到国内上上下下的支持。

本来三十年前公子连就应成为秦国国君，结果被秦简公抢了位子，秦国人对公子连抱有深深的同情。秦国经历秦简公、秦后惠公两代混乱的政局，如今又让一个两岁的孩子成为秦国国君，这样下去秦国何时能够崛起？何时能够强大？秦国人更加期盼让公子连这样老成练达的政治家能够回国。因此，公子连在秦国的群众基础相当好。

在准备了大约一年之后，公子连自魏国出发，没想到在第一站，公子连就碰到了钉子，他险些连秦国的国门都没能进去。

公子连来到秦国与魏国接壤的郑地要塞，即今天的陕西华县附近，他想从这里入境。这里的守关将领叫右主然，他忠于职守，拒绝了公子连由此回国的请求。

公子连只好绕路到狄国与秦国接壤的地方，即今天的宁夏固原附近，准备从那里的焉氏塞入境。从陕西华县到宁夏固原这段路不算近，可以想见右主然的拒绝让公子连吃了不少苦。幸好焉氏塞的守关将领菌改敞开大门，迎接公子连回了国。

小主夫人闻讯后大骇，她迅速集结军队，以有寇入边为名去讨伐公子连。当秦国将士知道所谓的“寇”是公子连之后，迅速倒戈，返回雍城将小主夫人围困。小主夫人在绝望之中自尽。公子连被立为新任秦国国君，即秦献公。

秦献公怨恨右主然，准备治其重罪，又准备厚加封赏菌改。一位叫监突的大臣进谏道：“右主然拒绝您进入国境是忠于职守，何罪之有？如果因此将其治罪，那么现在在外国流亡的秦国公子还很多，一旦他们想回国争夺君位，有谁还敢阻拦他们呢？”

秦献公觉得非常有道理，于是加封菌改为大夫，也没有治右主然的罪。

改革的先声

秦献公流亡魏国，耳濡目染魏国的变法政策，他即位之初就在秦国进行了一系列改革。首先是结束人殉制度。秦献公在继位的第一年就规定从今以后禁止活人殉葬。活人殉葬是自原始社会末期开始的一种丧葬陋俗，在奴隶制社会非常普遍。就秦国来讲，人殉制度兴起于秦武公时期，当时为秦武公殉葬的有六十六人。在秦穆公、秦景公时期，人殉制度达到顶峰，为秦穆公殉葬的达到一百七十七人，为秦景公殉葬的达到一百八十六人。

长久以来，人们想当然地认为被殉葬的人一定是手无寸铁任人宰割的奴隶。无论是文献记载还是考古发掘，都会发现并非如此。

为小奴隶主殉葬的人自然是小奴隶主的奴隶，但是为大奴隶主殉葬的人有可能就是小奴隶主。而很多为国君而殉葬的人，都是贵族或者说是比较大的奴隶主，比如我们之前提到的为穆公殉葬的“三良”，他们就是秦国贵族子车氏的成员。

在考古发掘的秦公一号大墓也就是秦景公墓中，发现了一百八十六名人殉，有的人殉有棺有椁。根据当时的周礼，只有地位较高的贵族才配有棺椁，因而可以断定这些殉葬者是贵族。为什么贵族在秦武公时期会被殉葬而在秦献公时期就停止了呢？

秦武公是靠发动政变杀死“三父”而掌握实际政权的，他要借实行人殉之机进一步打压贵族势力。贵族害怕被殉葬，从而对国君言听计从。这一制度在秦穆公、秦景公时期发展到顶峰，证明这个时期国君的权力最为强大。而秦献公本是一个流亡外国的落魄公子，他是靠贵族发动政变才上台的，自然暂时失去了对贵族的制衡，贵族趁机让其取消了人殉制度。从此以后他们再也不用担心自己为国君殉葬了。

当然需要说明的是，虽然秦献公取消了人殉制度，但人殉现象并没有因此而完全消失。直到秦朝灭亡前，秦二世仍然让秦始皇后宫中未曾生育的女性为秦始皇殉葬。

秦献公取消人殉制度的做法，使他的执政更加得到贵族奴隶主的认可与支持，但这并不是秦献公的目的，而仅仅是他笼络人心的手段而已。他要通过这项措施稳定国内局面以及自己的国君位置，待自己的位置牢固后反过手来再遏制贵族奴隶主。应该说，废除人殉制度不过是秦献公以退为进的缓兵之计而已。

此时，“初租禾”在秦国已实行了二十多年，地主与自耕农在秦国越来越多，势力也越来越大。这股新兴的势力与贵族奴隶主的矛盾也越来越深。

在农业生产力水平提高后，大量地主和自耕农在秦国土地上出现，他们疯狂地开垦荒地。秦国原有的贵族奴隶主固守着祖宗基业，并不热衷于开垦荒地，再加之地主和自耕农的生产方式较为先进，生产者的劳动积极性也高于贵族奴隶主所驱使的奴隶，这就使得地主和自耕农经济力量逐渐变得强大。

自耕农开垦的土地多了，自己耕种不过来，也会变为地主。这些新旧大小地主们需要大量的农民来为他们耕种新开垦的土地，但是秦国大量的劳动力掌握在贵族奴隶主手中。地主们的生产发展就受到了限制，秦国的国力也因此受到了限制。

秦国的贵族奴隶主的剥削手段非常落后，他们对于奴隶十分残酷，不但剥削他们的劳动力，还会在生命、身体上对他们进行伤害。而新兴地主仅仅要求农民为他们耕种土地，只要农民按时献上地租，地主并不干预农民的生活，更不会对人民的生命和身体产生伤害，这样就吸引了大量的奴隶逃亡到新兴地主的土地上去做农民。这当然是贵族奴隶主所绝对不允许的。于是新兴地主与贵族奴隶主之间的矛盾在秦国日益激化，不可调和。但是贵族奴隶主在秦国掌握着国家权力，新兴地主虽然代表着先进的生产关系，毕竟在政治层面上小胳膊拧不过大腿，时常受到贵族奴隶主的欺压。

秦献公在魏国居住了二十多年，魏国通过变法已经转为封建制国家，秦献公当然了解什么样的生产关系和剥削手段更能促进一个国家生产力的发展。他掌权之后，政策开始向新兴地主倾斜。他在新兴地主中选拔人才，将其擢升到国家政治体系中任职，并允许新兴地主和自耕农入伍从军，待获得战功后就可获得爵位，进而提高政治力量。

奴隶主贵族获取土地的方式主要靠的是国君的分封，新兴地主获取土地的方式主要是开垦和向其他地主购买。秦献公在位期间，尽量不分封给贵族奴隶主土地，贵族奴隶主如果想要扩大土地，就只能和地主一样去开垦和购买，这样在一定程度上就迫使贵族奴隶主放弃固有的思维模式，进而由奴隶主转变为地主。

当然，秦献公的新政策仍属于小打小闹，并不能根本撼动贵族奴隶主的统治根基，仅仅是为以后的秦国变法做了一些铺垫而已。

秦献公默默地发展秦国的国力，大约有十九年的时间没有参与其他诸侯国间的争斗。在此期间，秦献公还于公元前 384 年将国都迁往关中东部的栎阳。栎阳的城址在今陕西省临潼县历阳镇的武家屯附近。考古人员通过对这里的探掘，发现堂堂的秦国都城内居然没有供君主消遣的亭台楼阁等娱乐性建筑，可见秦献公之志不在小也。

再度称“伯”

这段日子里，与秦国紧邻的魏国却与同为三晋的赵国、韩国因领土问题征战不休。三国由最早的联合，逐渐演变为对抗，这对于其他诸侯国尤其是秦国来讲，不得不说是一件好事。

公元前 370 年，魏武侯去世，魏国公仲缓与公子罃二人争位。韩国和赵国两国前来搅局，武装干涉魏国内政，围困了魏国都城安邑。

赵国主张杀公子罃立公仲缓，然后迫使魏国割让一些土地。韩国则主张将魏国一分为二，由公仲缓与公子罃分别继位。两种方案都是为了削弱魏国，但不得不说韩国的方案更为毒辣。魏国的国土像一条裤子，分为东西两条裤腿，西部包括今山西西部、陕西东部一带，东部包括今河南东北部一带。这两条裤腿中间有一条狭长的道路相连，位置大概在今天山西和顺、榆社一带。只要将这里掐断，魏国就会被分为两部分。

国土的破碎一直以来是魏国的死穴。韩国的计划是促使魏国分裂，然后各个击破。

最终，公子罃杀公仲缓，自立为君，是为魏惠王。赵国与韩国的阴谋都没有得逞。魏惠王先后击败韩军与赵军，稳定了国内局势与中原霸主地位。

在被魏国击败后不久，韩、赵两国又参与到周宗室的内乱中来，最终致使周王朝在本来就很狭小的京畿之内，又分裂成了东周与西周两个小国（为了同西周与东周两个时代相区分，以下简称西周国与东周国）。

两个小国以洛河与伊河的交汇处作为分界线，周天子居住在西周国内，其管辖范围只剩下一座城，也就是周王朝的都城洛邑。周王室分裂之后，势力更加衰弱，周天子穷居孤城，连经济都不能自给自足，还有何政治威严可谈。

公元前 366 年，魏国与韩国两国国君在宅阳相会，据传将对周天子不利。秦献公此时认为时机到来，便打着勤王的旗号，出兵中原，在洛阴（今陕西大荔县西）击败了魏国与韩国。这是多年以来秦国对中原诸侯取得的第一次胜利。

又过了两年，公元前 364 年，秦军跨过黄河，深入魏国腹地，在石门（今山西运城市西南）击败魏军，斩首六万余，幸亏有赵国对魏国施以援手，秦国才撤兵回国。周天子派人将“伯”的封号赐予秦献公。

“伯”便是“霸”的意思，这是在秦穆公之后将近三百年，秦国国君再次得到“伯”的封号。秦国国威为之一震，更加剧了对魏国的紧逼。仅仅过了两年，公元前 362 年，秦军再次袭魏，在少梁击败魏军，并攻取了魏国的庞城。此役，魏国的名将公孙痤还成了秦国的俘虏。

魏国的都城安邑离秦国较近，魏惠王认为此地并不安全，动不动就有被秦国围城的危险，又远离中原，不利于参与中原争霸，于是魏惠王离开西方的领土，将都城迁到东方的大梁（今河南开封市）。

大梁在中原腹地，四通八达，靠近韩国与赵国的国都，既可以威慑韩赵两国，又可以加强同韩、赵两国的联系，同时还靠近东方大国齐国。齐国一直是魏国称霸中原的主要对手。魏惠王的意图很明显，对西方的秦国摆出守势，对东方的齐国做出攻势。

魏惠王自认为大梁这样的地理位置，是有利于他同齐国角逐中原霸主位置的。如果魏国一直强大，魏惠王这样认为不无道理。但是不要忘了，主动靠近敌人，确实便于攻击敌人，但也便于敌人攻击自己。交通发达可以四面出击，似乎是具有战略主动性，但也面临着四面受敌的窘境。

“双刃剑”的威力自不必说，但是伤人还是自损，就要看舞剑者的功力了。此后，魏国都城大梁多次被其他诸侯国围困，如齐国孙膑著名的“围魏救赵”，使魏国疲于应付，首尾难顾，其根结都在于大梁城的地理位置以及魏国那位“舞剑者”的功力。

第十四章 诸子百家

寻找突破口

就在魏国迁都的同一年，励精图治的秦献公去世了。秦献公的儿子，年仅二十一岁的秦孝公继位。秦孝公是继自己祖先秦穆公之后，秦国发展史上的第二位关键人物，在他统治时期，秦国完成了由落后于其他诸侯国到领先于其他诸侯国的转变，最终成为令其他诸侯国闻风丧胆的虎狼之国。

秦孝公继位后很有一番初生牛犊的生气。他在继位的同一年，便同时派出两路大兵，一路向东围攻魏国的少梁（今陕西韩城），一路向西讨伐西戎，并俘获了西戎獂道地区（今甘肃陇西县）的部落首领獂王。

不久之后，秦孝公下令秘密修筑通往崤山的道路，准备沿此路东出攻打魏国。不过，魏国方面很快获取了这份情报，魏惠王派将军龙贾率兵在魏国西境修筑了一条长城，用于阻挡秦军。

眼见东出崤山的计划又成了泡影，秦孝公非常懊恼。面对秦国的发展瓶颈，秦孝公陷入了深深地思考。

长期以来，秦国凭着民风的彪悍、士兵的勇敢，在同各诸侯国尤其是魏国的争斗中显得虎虎生威，但是到头来却是竹篮打水一场空，似乎总能攻城略地，但是刚刚攻取的土地转眼又会失陷。大胜很难取得，小胜很难保存，得势不得分，看似场面很好看，但到头来算算国土一寸没有增加，反而还在不断减少。

而反观魏国，刚刚立国数十年，仅仅分得晋国三分之一的土地，而且还七零八碎难成一体，却可以大杀四方，令天下诸侯谈之色变。究其原因不过是魏国率先实行的变法，在制度上领先其他诸侯国。而秦国却在制度上落后于其他诸国，与魏国更是相距甚远。

看来再这样蛮干蛮撞，秦国是不会有出路了，必须要像魏国一样，首先确立优越的制度，再将制度优越转化为国力优越。只有综合国力超越了魏国，才可以打破魏国对秦国的封锁，到那时不但可以收复河西之地，冲出崤山与诸侯争霸中原也是可望可及的事情了。

然而“改变”两字说着简单，真正实施起来却并不容易。谁来改，何时改，怎么改，都是问题。而最大的问题，不是没有新方法、新思路来改变秦国的现状，而是可以改变秦国现状的新方法、新思路太多，秦孝公面临着如何抉择的问题。

春秋战国是大动荡大变革的时代。在经济上，奴隶制生产方式正在崩溃，封建制生产方式正在形成。在政治上，东周王权正在逐渐衰落，各诸侯国间殊死搏斗，都想富国强兵，成为下一个“天下共主”。

在这样的时代背景下，人们的思想空前活跃，尤其是知识分子，八仙过海各显其能，都在为这个大变革时代提供着自己的解决方案。以老子、孔子、墨子为代表的道家、儒家、墨家三大哲学体系逐渐形成，它们同法家、名家、兵家、阴阳家、纵横家、杂家、农家等形成了百花齐放、百家争鸣的局面。

“百家”看似是一个夸张的说法，实际上不但不夸张，反而还有所收敛。据说当时的各种学说有上千家之多，我们今天所能说出名号的，不过是影响广泛又能流传到今天的一些学术流派而已。

学术流派可以争鸣，但是具体成为治国理政的施政纲领，就不能各抒己见，一一来试一遍了，毕竟国家不是实验室，国运也不能当作试验品。

如何在这么多鱼龙混杂的学术流派中辨析出可以成为富国强兵的灵丹妙药，这剂灵丹妙药还能恰恰适合秦国的体质和病症，这不是一件容易的事。

我们站在两千多年后的今天回顾历史，答案似乎明显得像秃子头顶上的虱子一样，不，像秃子头顶上的蜘蛛一样。可身处当时历史旋涡中的秦孝公，全然没有我们这样的历史经验。我们在说历史的功过得失时，就像一个球迷在说头天晚上的一场比赛，而秦孝公却是那场比赛的场上球员。

老子出关

一个中国文化的旁观者——英国学者李约瑟说：“中国人的特性很多，最吸引人的地方，都来自道家的传统。中国如果没有道家，就像大树没有根一样。”

老子的哲学极大地影响了并影响着中国人的生活方式与态度，塑造了并塑造着中国人的人格特性与风度。

中国人通常认为儒家思想更具有典型的中国特点，但事实上儒家思想代表着人类看待社会的许多共性部分，在世界其他不被儒家文化影响的地方，也有类似儒家的思想先后出现。

试想哪个国家的国民不忠于国家、孝顺父母呢？而作为道家开创者的老子的思想却有着特立独行的天分，使之成为中国人性格的代表。那么老子同秦国发生过联系吗？秦国是否可以运用道家思想进行改革呢？

据史料记载，老子在出名之前，一直是一个默默无闻地在周朝的首都做着近似于图书管理员这样工作的小官。大概是做得太无聊了，一天找了个借口把老板炒掉，骑着青牛周游世界去了。周游世界首先是要出函谷关的，就在那里，发生了一个小小的插曲，也就是这个小插曲，为我们留下了享之不尽的宝贵财富。

老子原本是不想留下什么的，装装老百姓混过去算了，将自己的主张公布了，岂不是背离了自己“道可道，非常道”的思想了吗？无奈函谷关的关长眼光很毒，一眼认准了这是位高人，不肯轻易放过，这才为后人留下了五千言《老子》。那时不像今天的学术界，流行大部头的作品，《老子》虽只有五千言，在当时已算是洋洋洒洒了。

当然，也有人认为老子出关所出的关口是大散关。无论是出函谷关还是出大散关，都表明老子是到过秦国的，但老子的思想在秦国却没有惊起一丝波澜。

《老子》政治思想的核心，关于社会结构的主张是“小国寡民”“无为而治”。在老子生活的时代，人民日出而作，日落而息，自给自足，不需要统治者来组织生产和交换，这就是当时的实际情况。尊重实际情况，顺应这种自给自足的经济规律来办事就是“无为”。

而当时的统治者却不是这样的。春秋时代战乱频仍、诸侯争霸，各国统治者为修建奢华的宫室而催逼苛重的税赋，为发动与他国争霸的战争而逼迫民众参军，他们穿着名贵的服装、带着稀世的利剑，山珍海味都吃厌了，钱财货物堆积如山，而下层民众却是田园荒芜、仓库空虚。

这种违反规律的“有为”带给人民无尽的苦难，也激起人民的反抗。老子一针见血地说：“民之饥，以其上食税之多，是以饥；民之难治，以其上之有为，是以难治。”所以老子才提出自己的主张。

“小国寡民”就是指以较少的人口组成面积较小的国家，人民不是被用来做奴隶，也不是被武装起来去打仗，而是各安其所。人民安于所处，乐于所有，衣食住行，皆能适意，就能够知足常乐，不求变化，过着安居乐业的生活，因而保持一种淳朴的民风，达到一种无欲无求的境界。

无欲无求也就不会有机巧与智谋，每个人在自己的家乡都很满足，人民也就不远徙，人与人之间的争斗也不会有，就会出现“邻国相望，鸡犬之声相闻，民至老死不相往来”的局面。出现这样的局面，国家与国家之间的战争就会消失，社会就会安定，人民就会幸福。

国家之形态是“小国寡民”，统治者采取的治理方式又是如何呢？老子给出的答案是“无为而治”。

“无为而治”并不是说统治者坐在那里什么也不干，就什么事情都能做成功。他是要求统治者不要强作妄为、贪求无厌、肆意放纵。“无为”和“有为”，在老子那里的含义与我们现在的含义有很大出入。“无为”不是“不作为”，而是“道法自然”，即所谓“人法地，地法天，天法道，道法自然”。“无为即自然”，这是老子哲学的基本观点。

“无为”是顺应自然规律、社会规律。“有为”自然就是违背自然规律、社会规律，而不是现在我们所说的“年轻有为”的那个“有为”。“无为而治”就是顺应规律治理国家。

老子主张“无为而治”，自然就要反对儒家推行的“以德治国”“以智治国”。同时老子也反对法家、兵家的“以力治国”，反对暴力战争。他认为，“兵者不祥之器，非君子之器”，主张“以道佐人主，不以兵强天下”，只有推行无为而治，才能达到“我无为而民自化，我好静而民自正，我无为而民自富，我无欲而民自朴”的理想社会。

而对于当时的秦国来讲，“小国寡民”岂不是让秦国恢复到发展之前的样子，成为一个无关紧要的附庸、小方国？这正是秦国历代国君奋斗了几百年所要竭力避免的。

“无为而治”更不可接受。秦国国君想要做的就是加强君主的权力，扩展君权的触角，怎么会甘心“无为而治”呢？

秦国国君谋求的就是“富国强兵”，老子偏偏要说“兵者不祥之器”“不以兵强天下”，这更是同秦国国君的意愿背道而驰。

因而道家学说在战国初年的秦国国君来看，无异于歪理邪说，是万万不能接受的。

道家思想不适合一个蒸蒸日上蓬勃发展的社会，却适合一个大病初愈、气血两虚的社会。中国古代，每当国家政权初建、社会经济需要休养生息的时候，就会有当权者想到老子的教诲。

汉初的黄老之学吸取了先秦道家的思想，适应秦末政治动乱之后，民心思定的形势，强调清静无为，主张轻徭薄赋、与民休息，对人民的政治生活和经济生活采取不干涉主义或少干涉主义，借以安定民心，发展社会生产。

“小国寡民”“无为而治”成为秦末战乱之后，国家恢复元气的滋补良药。这自然是战国时期的秦人所不能理解的。

孔子西行不到秦

两千五百年前，孔子第一次提出了“仁”的思想。孔子对于“仁”的发现，最集中地体现在孔子思想的核心部分“仁”上。“仁”也许不是孔子的创造，但“仁”却是从孔子那里发扬光大的，是贯穿着他整个思想体系的总纲领的。

什么是“仁”？我们从“仁”的字形中就可以得到解答。“仁”字是由两个“人”组成的，它是指两个人在交往中应该有的关系，应该保持的态度。孔子对这种关系与态度做了解答：爱人，即“仁者爱人”。我们自己也都是人，所以爱人应先从爱己做起，不爱己的人很难真正地去爱人。

由爱己出发推演到爱人，那就是提出“己所不欲，勿施于人”。孔子所言是指人应当以对待自身的行为为参照物来对待他人。人生在世，除了关注自身的存在以外，还得关注他人的存在。倘若是自己不愿意遭遇到的事情，也不要强加于别人。

你愿意被别人强迫吗？不愿意，那么你就不要去强迫别人。

你愿意别人诈骗你吗？不愿意，那么你就不要去诈骗别人。

你愿意别人偷你的东西吗？不愿意，那你就不要偷窃别人。

你愿意别人干涉你的隐私吗？不愿意，那么你也不要去干涉别人的隐私。

人与人之间的交往确实应该坚持这种原则，这是尊重他人，平等待人的体现。

那么自己的“欲”呢？自然就是己之所欲，亦施于人。“己欲立而立人，己欲达而达人”。用最通俗的话来讲，如果你自己想发财，也得让别人发财；如果你自己想成家立业，也得让别人成家立业；如果你自己想发达显贵，也得让别人发达显贵。这样，可以说你就是一个仁者，虽然你也有自己这样那样的物质欲望。

这种推己及人的“爱人”，首先表现在对于别人生命的珍惜。孔子曾经给予首先用陶俑殉葬的人以恶毒的诅咒：“始作俑者，其无后乎！”意思是说那个首先做人俑殉葬的人，是缺德的，恐怕他不会有后代吧！说别人“无后乎”在当时是非常重的话，孔子这么有涵养的学问家怎么会这么说呢？原来孔子错怪了做陶俑的人。在上古时代，人们是崇尚殉葬制度的，随着社会的进步，活人的殉葬逐渐变为由活的牲畜殉葬。到了孔子所处的春秋时期，已开始实行以陶俑殉葬的办法。孔子很厌恶用人殉葬的制度。他以为用人殉葬的制度是做陶俑的人首先提出的，所以这样骂他们。孔子虽然骂错了，但却体现了孔子对人生命的尊重。

孔子在鲁国当大司寇的时候，有一次自己的马厩失火，他退朝回来，问“伤人乎？”却不问马。要说在马厩的人一定是下人，在当时的社会，下人的命不一定比一匹马的命值钱，而孔子只关心人受伤了没有，而不问马伤到没有。因为只有“人”在他的心里放着，这也是他“爱人”的表现。

在人和动物都可能受伤的情况下，孔子会先关心人。如果人处于优势地位，受伤害的是动物的话，孔子同样有一颗仁爱之心，这是他推己及人的进一步发展——推人及物。

“子钓而不纲，弋不射宿。”孔子喜欢钓鱼、打猎，但是他的钓鱼与打猎又与别人不同，即“钓而不纲”：只是钓鱼绝不用网去捕鱼。这是因为大网一网下去，不仅大鱼，连小鱼小虾也会一股脑儿网上来。他不忍心这样做。

孔子交给自己的学生六艺。孔子的箭术是很高明的，但是打猎的时候，他从不射正在归巢的鸟和已经栖息的鸟，即“弋不射宿”。归巢的鸟往往嘴里衔着活食，它的家里有刚孵出的小鸟嗷嗷待哺呢，把大鸟打死了，巢里的小鸟也得饿死。“劝君莫打三春鸟，子在巢中盼母归”，孔子有的不只是最早的环保意识，还有对于生命的博爱。

个人能力有限，个人的“爱人”，受惠者只能是一小部分人，如果统治者也能够“爱人”那就是万民之幸，因此孔子呼吁统治者实施“仁政”。“仁政”一词是孟子第一个使用，但是源头却是从孔子那里来的。

“为政以德”“用贤纳谏”“博施于众”“敬事而信，节用而爱人，使民以时”“举直错诸枉”等，孔子几乎在反复申明自己施行仁政、善待百姓的主张。

在《论语》之中，孔子提的最多的，除了“仁”，就是“君子”这个词了。这是因为在孔子那里，“君子”的一个很重要的含义就是实行仁政的统治者。

孔子去周游列国，到各国的君主那里去讲“爱人”。但“爱人”是连舜那样的贤君都不能完全做到的，在春秋战国的大乱世中更是自然鲜有人做到。

孔子在列国奔波了七八年，碰了许多钉子，可能有人接受他的观点，但没有人会去切实实行。无奈的孔子最终还是回到鲁国，他只能将精力放到整理古代文化典籍和教育学生上面，希望自己的思想通过学生流传下去，并在后世发扬光大。

唐代韩愈有一首诗歌名曰《石鼓歌》，里面有一句“孔子西行不到秦”，说的是孔子周游列国，但是没有到过秦国，这是为什么呢？

孔子一生最崇拜制定周礼的周公。秦地是周公的故乡，在当时的秦陇大地，留有很多西周时代与周公其人的遗迹。按理说对孔子有着很大的吸引力，但是孔子为什么至死都没有去秦国看一看呢？

很多人认为周室东迁后，西周的故土已经沦为夷狄之地，秦国又是不服教化的虎狼之邦，所以孔子不肯踏入秦国土地，但是并没有直接证据证明这一点。千百年来，秦地的百姓对孔子没有来到秦国心怀惋惜，因而出现了好几个孔子之所以不来秦国的传说。

一个传说是说楚人阻碍了孔子西来。据说孔子游历完楚国后，本来是想要通过武关进入秦国的。但是楚国人害怕孔子到达秦国会使秦国昌盛，而不愿让孔子进入秦国。他们在边境制造事端，致使孔子放弃了西去秦国的计划。

还有一则传说，孔子将要进入函谷关的时候，见到一群小孩用石头在路上堆起了一座袖珍的城池。孔子的车子无法通过，就请求小孩子们让一让路。

小孩子们问道：“老夫子，是城池应该给车让路呢，还是车应该绕着城池走？”一句话问得孔子哑口无言。

小孩子们随后又指了指天上的太阳问道:“老夫子您说是秦国都城离这里远，还是天上的太阳离这里远？”

“当然是天上的太阳离我们远。”

“那为什么我们能看到天上的太阳，却看不到秦国的都城呢？”一句话又问得孔子哑口无言。

孔子摇头叹息道:“秦国的孩童尚且如此厉害，我又凭什么去教化秦人呢？”说罢让子路赶车掉头走开了。

孔子虽然没有进入秦国，但是孔子的学生中却有秦国人。孔门七十二贤之一的燕伋（字子思）就是陕西宝鸡千阳县人，正经的老秦人。据说孔子周游列国时，子思负责用扁担为孔子挑书。

子思盛情邀请孔子到自己的家乡秦国去看一看。当快要到达秦国的时候，孔子让另一个弟子子路在子思将要经过的路边放了一些银钱，故意考验子思的人品。子思看到银钱后，不但没有去捡，反而在旁边地上写下“横财不发有德之人”几个大字。

孔子看到后感慨地说:“秦国的学生都如此贤德，身为老师还有什么不放心呢，我们没有必要去秦国了。”因而孔子一行没有去秦国。

因为秦国后来统一了天下，孔子周游列国又没有到过秦国，因此孔子为何周游列国却不进入秦国，就成了一个人们都关注的历史谜题。实际上孔子不仅没有进入秦国，他同样没有去过春秋时期最强大的国家晋国。

本来在公元前 493 年的时候，孔子准备从卫国进入晋国。车子行到黄河岸边，却收到了晋国发生内乱的消息，孔子崇尚“危邦不入，乱邦不居。”因而只好望河兴叹，没有进入晋国。这是史书中有明确记载的事情。但至于孔子为什么没有去过秦国，已经仅剩传说故事了。

兼爱非攻

当时还有一个同儒家并为显学的墨家学派。研习墨家的人多半是来自社会下层，劳动人民居多。他们多以“兴天下之利，除天下之害”为教育目的。因为他们来自社会下层，本身生活就很清苦，所以在学习的过程中更注重身体力行的训练，可以不分昼夜地连续工作，其清规戒律更是严格。

墨家同秦国接触的记载不多，《吕氏春秋·去私篇》中记载一条：

墨家的钜子（墨家将自己的领袖称为钜子）腹䵍居住在秦国。他的儿子杀了人，按照秦国的律法当斩。

秦惠王对腹䵍说：“先生年岁大了，况且只有这一个儿子，寡人已经下令，饶了他的性命，不再诛杀他了。”

腹䵍听后，非但不感谢，反而说：“墨家的法律，杀人者死，伤人者刑。大王虽然赦免了他，我却不可不行墨家自己的家法。”

结果，腹䵍仍坚持执行“杀人者死”的“墨者之法”，把儿子处决了。

这条记载一方面反映了墨家自己有一套严格的清规戒律，另一方面也反映了墨家领袖在秦国是很受当权者尊重的。秦惠王不惜为了墨家领袖的儿子而干涉刑法。但是，墨家的一套理论却注定不能在秦国实行。

大致来说，墨家可分为两派，墨者中从事谈辩者，称“墨辩”；从事武侠者，称“墨侠”。两派同时都是墨家的重要组成部分，所以在他们留下来的著作——《墨子》中，我们总能看到善辩之词和侠客之气经常是统一在一起的，“兼爱、非攻”口号的提出，便是二者的统一体。

“兼爱”，一种古老的“博爱”思想，由儒家的“仁”和“礼运”的“不独亲其亲，不独子其子”发展而来。孔子将“爱人”含义的“仁”，加上了宗法等级制的内容，改造成了“忠恕”含义的“仁”；墨子也主张爱人，不过他的爱是无阶级、无国界的。墨子主张“使天下兼相爱”，所有的人，不管认识不认识，都被爱所包围。这是墨子与孔子主张的最大的一个不同。

因此墨子也讲“慈”“孝”，但并不以“孝悌”为“兼爱”之本，更不主张有等差的爱。墨家的“兼爱”具有反宗法等级制的特点，孟子说“墨氏兼爱，是无父也”就是这个意思。墨子不但无父，而且无君。墨子认为天子和老百姓都是平等的人，没有区别，因此老百姓也是可以被举为天子的——等级制的界限在墨家那里已经被打破。这显然是不能够被追求集权统治的秦国君主所接受的。

墨家的“兼爱”是对儒家“仁”的发展，更是对儒家“仁”的否定。在墨子看来，儒家不兼爱的“仁”，不能算是真正的“仁”。“天下兼相爱则治，交相恶则乱”，天下之乱，起于人与人不相爱。臣与子不孝，君与父不慈，以及“大夫之相乱家，诸侯之相攻国”，直至盗贼之害人，都是互不相爱的结果。如果天下人能“兼相爱”“爱人若爱其身”，那就天下太平了。

而当时的实际情况却是兼并战争剧烈，攻战之害使得“春则废民耕稼树艺，秋则废民获敛”“百姓饥寒冻馁而死者，不可胜数”。而且不仅被攻的国家受害，攻人的国家也要受害。墨家认为兼并战争将会导致“兼国覆军，贼虐万民”，古代本有一万多国，“今以并国之故，万国有余皆灭”。

墨子主张“兼爱”，自然要禁止“强执弱”“富侮贫”“贵傲贱”“诈欺愚”。因此墨子又提出一个口号：“非攻”。“非攻”即反对攻战，他们希望这个世界是“大不攻小也，强不侮弱也，众不贼寡也，诈不欺愚也，贵不傲贱也，富不骄贫也，壮不夺老也。是以天下庶国，莫以水火毒药兵刃以相害也”。

这反映了墨家学派反对发动不义之战的和平愿望。实际上是反映了农、工、商、士等庶人阶层和下层贵族希望社会安定，要求停止战争的愿望。“非攻”的主张受到了经常受大国欺凌的小国的欢迎，但是不可能受到秦国当政者的追捧。秦国希望提高国力的原因就是想要开疆扩土，攻伐其他国家，“非攻”无疑同秦国当政者的愿望背道而驰。

当然，非攻并不等于非战，而是反对侵略战争，很注重自卫战争。自卫是反侵略的一个重要组成部分，不自卫就会等于不反侵略。墨子也确实有一套守御城池的绝招，被称为“墨守”。在《墨子》中记载着他们制造和使用防御战具的经验。同时他手下有一帮死士，皆是侠肝义胆，很多书中都记载着“墨子之门多勇士”“墨子服役百八十人，皆可使赴火蹈刃，死不旋踵”等。

墨家这实际上已经形成了一个组织严密的反战集团，他们游离于各国政治势力之外，在战国的混战中起着平衡各方实力的作用。很多小国在无力抵御大国侵扰的时候，都会请墨子来帮忙。

举个例子来说，当时有名的工师公输般也就是后世木匠的祖师爷鲁班替楚国制造了攻城的云梯。云梯在当时是攻城的利器。楚国准备用云梯去攻打宋国。墨子在鲁国听到这个消息，急行十天十夜，去游说公输般和楚王，并派了弟子禽滑厘等三百人带着守御工具帮助宋国守城。就这样墨子用实力制止了楚国攻打宋国，及时平息了一场即将发生的战祸。

当然，墨家“兼爱非攻”的主旨思想虽然无法被秦国统治者认同，但是墨家学派在军事上、科技上的那些“技术手段”还是被秦国所汲取，成为秦国先进的军事科技的一部分。

总之，在当时的历史情形下，统一是大势所趋，兼并战争虽然残酷却也是顺应历史潮流的举动，墨家学说倡导“兼爱、非攻”，以一己之力制止国与国之间的杀戮，其魄力与能力自然可敬可佩，但也是不合时宜的妄举，注定难有大的作为，不可能成为秦国这样一个积极进取、谋图统一的国家的立国思想。

第十五章 变法时代

求贤令

提到秦国的变法图强，不能不提到一个人——商鞅。古代的人名是很多不熟悉历史的人最容易昏头的地方。古人的称谓是件很复杂的事情，姓、名、字、号、官职、籍贯等，都可以成为对某人的称呼。商鞅就是一个典型的例证。

商鞅并不姓商，他本是卫国国君庶出的后代，姓姬，和周王室是同族，公孙氏，名鞅，所以商鞅的原名应为公孙鞅因是卫国公室后代，也叫卫鞅。后来之所以叫商鞅，是因为他在秦国变法立下大功，秦孝公将商地赐给他作封邑。在商鞅没有受封之前，我们暂时称他为公孙鞅。

公孙鞅年少时就喜欢刑名之学，也就是法家的学问，有治国理政的才能。后来，为了开阔视野、增长学问，他离开家乡，到当时已经变法的魏国去观摩学习变法的内容。他在魏国国相公叔痤府中担任“中庶子”之职，也就是公叔痤的一个侍从官。公叔痤在识人方面非同凡响，当公孙鞅还是个毛头小伙子的时候，他就意识到公孙鞅有治国安邦之才，对其非常欣赏，并着力培养他治国理政的才能。

公叔痤临死前，魏惠王向他咨询谁能继任相之职，公叔痤毫不犹豫地将年轻的公孙鞅推荐给了魏惠王：“臣的中庶子公孙鞅年龄虽小，但有治国奇才，希望大王能委以国事。”

魏惠王听后默然不语。

公叔痤已经知道魏惠王不会听从他的建议，于是他示意左右人等退下，然后悄悄对魏惠王说：“如果大王不用公孙鞅，那就及早将他杀掉以绝后患，免得他将来被别国所用。”

魏惠王点点头，转身离去了。

这个魏惠王也是识货的人，但只是个二流伯乐。他看中了贫贱中的庞涓，让庞涓做了大将，成就了一番事业。但是他却只能欣赏二流人才，他看到了庞涓的才华，却轻易放过了孙膑。这次同样，他十分信任公叔痤，却绝对看不上公孙鞅。魏惠王心中暗笑：想让我把国事都交给这个名不见经传的公孙鞅，公叔痤是不是老糊涂了？

魏惠王走后，公叔痤将公孙鞅招来，对他说：“我恐怕一病不起，刚才大王让我推荐能够继任为国相之人，我向大王荐举了你，然而大王并不同意。我出于忠于国事的目的，向大王建议杀掉你以绝后患，恐怕你杀身之祸就在眼前。然而于私我们是好友，我又不能见死不救，所以我将这个事情告诉你，你赶快想方设法逃走吧。”

公孙鞅听后摇摇头：“大王既然不听从你的建议委任我为国相，又怎么会听从你的建议将我杀死呢？我在魏国很安全，您就放心吧。”

果然，公叔痤死后，公孙鞅既没有得到重用，也没有被杀害。

既不用也不杀，说明魏惠王根本没拿公孙鞅当回事。在魏惠王眼中，公孙鞅如同空气一样，似乎他根本就不存在。正如同爱的反面不是恨，而是漠视。也许对于公孙鞅来讲，不杀害他比杀害他还让他难受。他的眼前只剩下一条路：离开魏国，但似乎又有千万条路：到哪里去呢？

茫茫战国纷纷扰扰，哪里是他公孙鞅容身之所？哪里又是他公孙鞅施展才华的舞台？

公孙鞅很惆怅。

正在公孙鞅随处可走又无路可走之时，魏惠王的西邻居秦孝公向全天下发出一则《求贤令》，内容言辞恳切：

当年先君穆公在位之时，内修德智外兴武功，向东平定晋国内乱，向西讨伐戎狄部落，当时黄河以西地广千里都是秦国土地，那是多么光耀美好的盛世。然而近世以来，国家内忧外患不断，三晋君主合谋共同夺取河西之地，秦国受到诸侯的嘲笑，这是多么大的耻辱。寡人的君父献公即位之后，镇抚边境，迁都栎阳，颇有一番作为。他老人家一直想要恢复当初穆公在世之时的故地，重修穆公当年的政令，怎奈君父早弃黎民，没有实现这一愿望。寡人即位后每每思念君父之意，常痛于心。秦国现在正式向全天下招揽人才，如果谁能想出好办法使秦国强盛，不管他是谁，不管地位多么低下，寡人都会将国家托付给他，还封给他土地。

商鞅听到这个消息后，马上打点行装，决定到秦国去碰碰运气。

三见秦孝公

公孙鞅入秦之后，通过关系找到了秦孝公的宠臣景监。公孙鞅自报家门并说明自己是听说了秦孝公发布的求贤令特意来到秦国，希望帮助秦国变法图强。景监与公孙鞅一番谈论，发现公孙鞅确实很有才能，便将其收为宾客，并推荐给秦孝公。

秦孝公听说自变法强国魏国来了一位变法人才，非常重视，当即表示召见。结果二人的首次会面并不愉快。公孙鞅对秦孝公说了很多仁义治国的大道理，秦孝公却听得昏昏欲睡，一点儿也提不起兴趣。双方在尴尬中结束了第一次会谈。

秦孝公将景监招来责备他："你的这位宾客就是一个只会夸夸其谈的虚妄之人，怎么能用他治理国家呢？"

景监回去后对公孙鞅一通埋怨。公孙鞅说："我和国君说的都是上古三皇五帝的仁义治国之道，没想到他根本听不进去。烦请大人再为我推荐一次，这次我将用其他治国方式说服大王。"

景监又到秦孝公那里推荐公孙鞅。大约过了五天，公孙鞅再次受到秦孝公的召见。这次公孙鞅将商汤王、周文王、周武王治国理政的方式介绍给秦孝公。秦孝公觉得公孙鞅的确有一些治国的门道，但还是说不到点子上。

又过了几天，公孙鞅第三次求见秦孝公。这次公孙鞅向秦孝公讲的是当年春秋五霸取得霸业的治国方法，秦孝公的脸上终于有了笑容。事后秦孝公对景监说："你的这个宾客肚子里还是有些学问的，值得和他谈谈治国的道理。"

景监将秦孝公的意思告诉了公孙鞅。公孙鞅一听胸有成竹："如果国君再次召见我，我就知道应该和他谈些什么了。"

过了没几天，公孙鞅再次请求觐见秦孝公。秦孝公很爽快地答应了。这一次两个人促膝长谈，公孙鞅为秦孝公讲变法图强的理论。秦孝公听得入神，不知不觉就向公孙鞅的身边凑，膝盖都离开座席，秦孝公居然没有发觉。他们一连谈了好几天，秦孝公废寝忘食，不知疲倦。最终秦孝公决定依照商鞅的理论，改变秦国原有的祖宗之法，成就富国强兵的霸业。

得到了秦孝公的认可，商鞅的变法理论还要拿到朝堂上与众大臣们讨论。变法肯定会受到保守派的阻挠，只有让大多数朝臣对变法心服口服，才能将新法推行下去。

在这场辩论会上，有的大臣认为：“国家能不能强大其根本不在制度和法律，而在于实施制度和法律的人。当年秦穆公在世时没有推行新法，用的就是如今的制度和法律，不也照样成为一方霸主？为什么我们就一定要变法呢？所以说圣人不改变民俗而能教化民众，真正的人才不改变制度就能治理国家，根本就不需要变法革新。”

公孙鞅反驳说：“以前的制度和法律只适合以前的时代，如今时代变了，制度和法律一定要跟着变化。夏商周三代都有着不同的法度，但都能够统一天下。春秋五霸也有着不同的法度，但都能称霸一方。这说明法度是可以不同的，关键在于适不适合眼前的环境。聪明的人制定法度，而愚蠢的人被法度所束缚。”

又有人认为：“法律制度都是通过多年实践检验的，可以施行的，不能轻易地改变。除非有百倍的利益，十倍的功效。因为改变法度就有可能产生问题，而不改变法度大体是没有偏差的。面对现有的法度还是应该保守一点，有所敬畏。”

公孙鞅反驳说：“治理国家没有一成不变的方法，只要是有利于国家的法度就可以坚持，不利于国家的法度就需要改变。因此说变法革新的人不应受到非难，因循守旧的人也不应受到褒扬，关键在于所坚守的法度和所改革的法度是否有利于国家的富强。”

总而言之，公孙鞅的理论用一句话来说就是，每个时代有每个时代的治国之道，今人不能总按照古人的规矩办事。改与不改不是问题，变与不变不是问题，问题是能否顺应时代潮流，符合国家利益。旧法中顺应时代潮流符合国家利益的部分可以保留，违反时代潮流损害国家利益的部分则需要变革，最终形成一套既有传统内容，又有时代特色，顺应生产力发展，可以快速使国家民富兵强的法律制度。

这场辩论会的实质是新旧势力的交锋。秦国保守派口中的祖宗之法不能变，实质是因为他们是祖宗之法的既得利益者，改变了祖宗之法也就改变了他们获利的基础。他们认为公孙鞅即将推行的新法侵犯了他们的利益，故此坚决反对变法。

秦孝公是祖宗之法既得利益者的最高代表，在这场辩论会中，他的表态显得尤为重要。秦孝公对公孙鞅的反驳接连说了几个“善”字。反对派们也就知道了国君的意思，虽然心中不满，但嘴上也就不再反对变法了。

历史的机遇

公孙鞅在开始变法之前，担心百姓不信任新法，于是采用了“徙木立信”的小策略，让秦国百姓知道自己言出必行。

公孙鞅将一根三丈高的木头立于国都市场的南门口，对老百姓说谁能把它扛到北门去就给十金。将木头从南门扛到北门是举手之劳的一件小事，怎么会酬以重金？老百姓根本不相信。

公孙鞅又说：“谁能扛过去给五十金。”最后，终于有个人抱着试试看的态度将木头从南门扛到了北门。所有人都以为这个扛木头的人肯定被耍了，没想到公孙鞅很痛快地拿出五十金放到扛木头的人的手中。

这下所有看热闹的老百姓都傻了眼，他们踊跃争先表示还想再杠，哪怕给十金也可以，一金也可以。但是机会只有一次。

此后，公孙鞅说的话没有一个老百姓不相信了。看似扛一根木头给五十金，公孙鞅吃了大亏，然而用五十金就为新法树立了权威，这笔买卖公孙鞅赚大了。

宋代改革家王安石可以说是公孙鞅穿越时空的知音，他在《商鞅》诗中赞扬这件事说：

自古驱民在信诚，一言为重百金轻。

今人未可非商鞅，商鞅能令政必行。

公孙鞅“徙木立信”的方式实际上并不新鲜。在他之前，吴起做河西太守时就用到过。这就如同商鞅的变法内容一样，李悝等变法前辈也都在各自国家中施行过，并不新鲜，并不完全就是公孙鞅的发明创造，但是吴起在河西“徙木立信”，只能守住一郡之地。公孙鞅在秦国都城“徙木立信”，却能兴盛一个国家。

位置不同使之然也。

李悝在魏国变法，只能小有成就。公孙鞅在秦国变法却能取得耀古烁今的伟大成就，同样是位置不同使之然也。

任何历史事件的发生，同我们人生中每一个事件的发生一样，既体现着必然，也表达着偶然。

公叔痤大力举荐公孙鞅，然而他并没有入得魏惠王的昏花老眼，黯然离开魏国，看似一种偶然，却也蕴含着一定的必然性。魏国通过李悝变法，已经成为战国七雄中最强盛的国家，魏国的变法动力已经不足，对于继续变法并不急迫。

魏惠王此时所需要的不是一个继续改革制度、将变法推行入深水区的改革家，而是一个可以运用变法成果，将强大国力迅速转变成广阔国土的人才。所以魏惠王不渴求进一步发现公孙鞅的才能，也不需要孙膑那样的军事理论家，却会器重庞涓那样的战将。

公孙鞅在魏国决定打包袱走人的时候，偏巧秦孝公向全天下发布《求贤令》，如果没有这一偶然事件，公孙鞅或许不会西入秦国。但秦国迫切需要变法人才，发布《求贤令》，又是秦国国势发展的必然。

秦国立国很晚，在春秋前期才跻身诸侯，又经过百年的征战才有了立国的根本。虽然在秦穆公时期秦国变得强大，甚至可以左右隔壁晋国君主的废立，但是它并不地处中原，而是与戎狄杂居在一起，经济发展缓慢，东方诸侯都不将其看作华夏的一部分，不愿意与其进行平等的交往，甚至在诸侯会盟中，有时候都不邀请秦国参加。秦国连参加会盟的资格都没有，就更不要说在会盟中成为霸主了。

进入战国之后，与秦国毗邻的魏国率先变法，成为第一强国。这给秦国以巨大的威胁，秦国屡次遭受魏国的打击，险些有亡国的厄运。在这种形势下，秦国学习魏国变法图存的欲望非常强烈，秦国一定会在此时展现出对变法人才的渴求。

秦孝公的父亲秦献公曾经流亡魏国，亲眼见识过魏国因变法而变得强大的历史过程。公孙鞅作为一个来自魏国的变法人才，自然会受到秦孝公的重视。

在初见秦孝公的时候，公孙鞅的理论使秦孝公昏昏欲睡。公孙鞅只是一个无名的宾客，按常理说，这样的初谈结果，已经使公孙鞅失去了再次见到秦孝公的机会。可是秦孝公却能三番五次召见公孙鞅，与其深入讨论强国之术，这恰恰说明了秦孝公对变法图强的迫切希冀以及对来自魏国的变法人才的特殊重视。

对于公孙鞅来讲，如果他没有来秦国的机会，就会辗转流浪到其他国家却不能发挥他的才华，进而实现他的变法抱负。公孙鞅永远不可能成为商鞅。这是因为其他国家不具备秦国的变法条件。

在地缘上来讲，秦国地处西北一隅，虽然也属于华夏文明的一部分，但极具地域特色，长期以来一直处于较为封闭的独立发展过程中。

这种封闭与独立既有优势又有劣势，而不管是优势还是劣势，最终都转化成了变法的趋势。

秦国地域广阔，不但有大量适于耕种却还没有开垦的土地，更有着中原诸侯国没有的战略纵深。秦国的农业经济非常落后，有着很大的提升空间。秦国政治粗糙，宗法制一直不完备，贵族势力较中原诸国弱得多。秦国社会落后，戎狄习气严重，父子无别，男女混淆，民风彪悍，好勇斗狠。

总而言之，相对于中原各诸侯国，秦国是一个后进且有着无限潜力的国家。秦国比之中原诸侯，就如同近代世界历史上，英法比之西葡，美德比之英法，日俄比之美德。

后进与潜力，使得秦国有着强烈的变法图强的欲望。这时的秦国已经成为天然的变法试验场。在秦国出现一场变法运动可以说已是大势所趋，呼之欲出，只差一个催化剂，一个懂得变法又致力于变法的人。

偏偏是在此时，秦孝公发布了《求贤令》；偏偏在此时，郁郁不得志的公孙鞅见到了《求贤令》。

历史给了公孙鞅一个机会，也给了秦国一个机会。

试水

秦孝公根据公孙鞅的谋划所颁布的第一道改革政令被称作“垦草令”。秦国自开地千里称霸西戎以来，有大量没有开垦的处女地和本已开垦但由于各种原因而闲置撂荒的土地。在过去，由于有限的人口都被奴隶主控制，这些土地很少被主动地开发出来。

秦孝公鼓励人们开荒种田，开荒出的土地即归个人所有，按土地实际面积向国家交纳税赋。这已经是带有封建性质的土地制度，但是并没有瓜分奴隶主贵族的土地，没有触及奴隶制土地制度的根本，因而奴隶主贵族反应并不强烈。对于变法图强来讲，这算是一个温和的开端。

经过大约三年的尝试，新开垦出的土地使勤劳的民众变得富足，又使国家的粮食储备有所增多。秦孝公看到变法是一举多赢的好事，于是增强了变法信心。而此时的公孙鞅还仅仅是一个客卿，人微言轻，在变法中常常显得心有余而力不足。秦孝公破天荒地任命商鞅为左庶长，令其全权负责变法事宜，变法正式开始。

这年是公元前356年。这是秦国发展史上具有划时代意义的年份，秦国的国运将就此不同，由割据一方的诸侯最终走向一统全国的大帝国。

为了加强专制统治，公孙鞅首先施行了“连坐法”，主要内容是：将居民以五家为“伍”、十家为“什”，登记编入户籍，责令民众互相监督。一家有罪，九家必须连举告发，若不告发，则十家同罪连坐。就这样，全国的民众都被编织在一张大的网络之中。在一伍之中，除了自家之外的其他四家被称作“四邻”，在伍、什之上的组织被称作“里”，我们经常说的“邻里”也就是这么来的。

公孙鞅新法中另一个主要方面是奖励军功，禁止私斗。正所谓重赏之下必有勇夫，要想激励战士在前方杀敌报国，必须给以厚重的赏赐。

在奖励军功的政策中明文规定：凡是在战场上杀死敌人士兵一人并获取首级者，赐爵位一级，田地一顷，宅基地九亩。如果能够杀死敌方的军官，还可以做官，甚至可以使自己家中得到奴隶。而没有军功的人即使是宗室贵族，也要受到一定的限制。宗室非有军功不得列临公族簿籍，不能扩张土地，不能随意添加奴隶，甚至连穿衣穿鞋都有相应的限制。

在当时大小奴隶主之间为了争夺土地人口和财产经常私自发生械斗，这种械斗会导致土地荒芜、财产消耗乃至流血死人，对国家生产发展没有好处。公孙鞅下令禁止私斗，一旦触犯要遭受严厉的法律惩罚。这项措施推行后，秦国民众都不敢在国内进行私斗，但是听说秦国有对外战争时却个个像打了鸡血一样，希望出征杀敌，博取功名利禄。

当然，从大的角度来讲，战国时期各个诸侯国之间的攻伐都没有得到周天子的许可，实际上就是私斗的放大版。秦国禁止国内私斗，它的目的却是为了秦国国君向外私斗。秦国禁止国内私斗却通过奖励军功鼓励向外私斗，这似乎没有道理可言，不得不说是一种讽刺。然而历史就是在这种讽刺中前行的。

公孙鞅还推行了重农抑商的政策。在封建社会初期，自给自足的小农经济尚且不健全，国家并不需要很高的商品流动性。而低买高卖的商人喜欢趁着丰收年与灾荒年粮价的高低差价进行投机活动。有时商人甚至在丰收年低价大量囤积粮食，在灾荒年又捂盘惜售，故意不卖，以此哄抬粮价从中牟取暴利。这样就扰乱了农业经济秩序，严重时甚至可使国家发生动荡。

因此，公孙鞅禁止商人买卖粮食，同时对其他货物征收重税压制商业行为，并规定凡努力于耕织而生产粟帛比较多的人，可以免除本身徭役；凡因经营商业不善和因懒惰而导致贫穷的人，将连同妻子儿女没入官府为奴婢。

涉入深水区

通过初步变法，秦国“主以尊安，国以富强”，国家力量日趋增强，尤其是君主对于国家的操控能力显著提高。此时公孙鞅开始制定严刑峻法，以此为他下一步触动奴隶主贵族根本利益的改革保驾护航。

公孙鞅的法令一大特点是“轻罪重刑”。公孙鞅认为：很小的过失就要处以极重的刑罚，只有这样人们才不敢触犯大罪，只有这样才能“以刑去刑”。这样一来，看似法律很严格，使人们都不敢去触碰法律，那么受法律惩罚的人不就更少了吗？

这一说法看似很有道理，却只不过是一种牵强托词。其本质是要求其他人以立法人的意志为宗旨，在立法人的允许范围内生存。当然这种法家思想虽然对后世流毒很大，但在公孙鞅那个时代，对秦国国力的发展确实是有很大好处的。

制定了严刑峻法，等于公孙鞅手中握有了强大的武器。很快，秦孝公又升任公孙鞅为大良造。在国君的支持下，手握新式法律武器的公孙鞅，开始撕掉温和的面纱，进一步在经济、政治领域进行大刀阔斧的变法。

在经济上，公孙鞅要向奴隶主土地所有制发起挑战，推行“为田开阡陌，封疆而赋税平”的重大改革。所谓“阡陌”是指“井田”中间的灌溉渠道以及与之相适应的纵横道路。纵者称“阡”，横者称“陌”。“封疆”就是奴隶主贵族受封的井田的界限。新法规定将封疆阡陌全部抹平，从法律上革除了井田制度，允许人们将土地占为私有，自由买卖。这样就破坏了奴隶制的生产关系，解除了对生产力的束缚，促进了生产力和新的生产关系的发展。

除了依照土地的多寡征收田租之外，秦国还在此时开始以人口的数量来征收赋税，每个人都要向国家交税，这是中国出现人头税之始。从此田租和人头税成为中国古代政府最重要的两种税收，直到清代康熙年间“摊丁入亩”，将人头税摊入田租之中，在中国持续了两千多年的人头税才消失。

在政治方面，公孙鞅的重大改革是将小的乡邑聚集为县，建立了普遍的县制。县这一级地方行政组织在公孙鞅变法之前就已存在，但多是在边疆等对外战争重点区域设县，在秦国内地只有城邑村落。

自公孙鞅变法开始，将这些城邑村落归并起来设立了三十一个县，每个县设县令、县丞、县尉等官吏，县令主管行政，县丞、县尉主管军事和治安。他们相互牵制，避免了地方官员权力过大。国君可对他们任意升降，随时任免，他们也只对国君负责。

商鞅通过县的设置，将全国政权、兵权集中到了国君和中央政府手中，从而巩固了中央集权，削弱了世袭贵族在地方的权力。

此外，公孙鞅在公元前 344 年颁布了标准的度量衡器，统一了秦国国内的度量衡。现上海博物馆馆藏一战国时代的秦国量器。这一青铜量器因有“大良造鞅”的落款，被称作商鞅方升。商鞅方升容积为当时的一升，今日学者测量其容积为 202.15 立方厘米。它就是当年公孙鞅颁布的标准量器之一，是秦国统一度量衡的历史见证，也是我们国家的文物重宝。

公孙鞅所进行的使秦国脱胎换骨的变法，势必要受到保守势力的激烈反对。当然，反对新法者也不一定就是保守势力，因为人们都有一定的惰性和保守性。当人们习惯了旧法之后，突然要履行遵守陌生的新法，自然会感到有一定的不便捷。

因而在新法实施了一年之后，有数以千计的秦国百姓进京上访，反映新法不便利。这本是在改革过程中一件很正常的事，然而保守势力利用所谓的民意，对新法大肆攻击，甚至秦国太子公子驷也卷入其中，连他也做出了触犯新法的举动。

公孙鞅认为，新法不能有效实行，是因为像太子这样的上层人物触犯新法，民众上行下效所致。于是公孙鞅要处罚太子。但是太子作为储君，不能施以刑罚，那么就要由太子的师傅代为受过。太子有两位师傅，一个是监督规范太子行为的公子虔；一个是为太子传授知识的公孙贾。这二人都受到了刑罚，其中公孙贾被处于黥面之刑，即在脸上刺字涂墨。公孙虔更是惨，曾先后两次受刑，最后一次受了劓刑，被割掉了鼻子，以前讲究“刑不上大夫”，这些刑法对贵族是莫大的侮辱。他们对公孙鞅切齿痛恨，但又无可奈何。对于太子师傅的处罚果然起到了杀一儆百的作用，秦国民众都开始乖乖地执行新法，谁也不敢说三道四了。

当然不管是旧法还是新法，终究它只是一种“方法”，方法有千万种，而目标只有一个：让自己在战国激烈的竞争中生存下去，让别人生存不下去，也就是我们常说的“有我没你”“你死我活”。方法的好与坏、得与失、弊与利，要靠目标的实现与否去检验。公孙鞅一边对内实行新法，一边靠对外战争检验新法。

拿谁检验呢？长期以来，魏国对秦国的威胁最大，黄河以西大片土地一直在魏国的控制之下。同时公孙鞅是在魏国不得志而跑到秦国的，他与魏国也有些私人嫌隙。魏国自然成了秦国试验变法成效的靶子。

第十六章 成为商鞅

请君称王

在公孙鞅实行变法的第二年，秦孝公就与魏国君主魏惠王在杜平相会。这次会面双方各怀鬼胎，魏惠王想要了解秦国实行变法的情况以及能否达到富国强兵的效果，秦孝公则想在魏惠王面前炫耀自己的变法成果，让魏惠王承认秦国的大国身份。

会面后的第二年，魏国与赵国反目，双方在邯郸展开大战。就在魏惠王将主要精力放在东面战场之时，秦孝公在西面给予魏国重重一击。他派兵攻打魏国的河西郡，在元里一战斩杀魏军七千，并成功攻取了魏国少梁城。

这是秦国自实行变法之后，在对外战争中取得的第一次胜利。

在见到秦国国力逐渐强盛之后，魏国未雨绸缪，沿着河西与秦国的边境线，也修建了自己的长城——魏长城。公元前352年，秦国出兵攻打魏长城上的重要据点固阳，并在第二年将其攻陷。

这场战役看似有些不经意，战果也并不重大，仅仅是攻陷了魏长城上的关寨，没有获得更多的土地和人口，但是它却使得魏长城这一条完整的防御体系出现断裂，大大降低了魏长城的防御能力，让秦国可以在固阳这一缝隙中窥探魏国，也让魏国人每天过得提心吊胆。

秦国对魏国接连取得一系列军事胜利，虽然河西的大部分土地仍然在魏国掌控之中，但魏国在河西只剩下招架之功，不能对秦国形成新的威胁。这样一来，处于秦魏前线的秦都栎阳的战略地位便下降了。

秦国要想向东与诸侯争夺天下，一定要东出函谷关，而栎阳地理位置偏北，不在东出函谷关的线路上，这样不管是政令传达还是行军运粮都多有不便。为了便于秦国向东扩展势力，公孙鞅开始着力经营地处渭河平原中心而又物产丰富、交通便利的咸阳。公元前350年，秦国将国都从栎阳迁到咸阳。咸阳附近的关中平原物产丰富，咸阳以北是黄土高原，有着天然的屏障，以南濒临渭水，顺流而下可直入黄河。渭河以南便是秦岭，沿秦岭脚下东进，可进入函谷关，出关便是中原腹地。

经过十几年的变法，秦国一跃而成为“家给人足”“乡邑大治”“兵革大强”“诸侯畏惧”的强国。

面对秦国所呈现出的大国勃兴气势，与秦国毗邻又占据着秦国河西之地的魏国最为敏感。就在公孙鞅在秦国变法的这段时间内，魏国一直在与同属三晋的韩国、赵国因土地问题争夺不休。不但如此，魏国也因中原霸权问题同东方大国齐国纠葛争斗。魏国派大将庞涓围攻邯郸，齐国孙膑建议田忌围魏救赵，中原打得不可开交。但是，在发现秦国迅速崛起之后，魏国迅速调整战略重点，同齐国、赵国、韩国等诸侯国签订和平协定，集中力量要将秦国的势头打压下去。

作为对秦国攻取固阳的回应，魏国在公元前350年派军围攻定阳（今陕西延安东南）。魏惠王以朝见周天子的名义，纠集了丨二家诸侯会盟，商议共同组成联军向西攻秦。这是战国时期中原各路诸侯第一次准备组成联军攻打秦国，也从一个侧面表明秦国通过变法，已经让各路诸侯意识到不得不组团才能遏制秦国的发展。

秦国对于中原诸侯对自己的围攻，既无经验也无准备。秦孝公还不适应这种超级明星级别的待遇。他寝不安席，食不甘味，在国中发表战争动员令，要求全民皆兵，提高警惕，时刻准备抵御来犯之敌。

公孙鞅也很清楚“以一秦而敌大魏，恐不如”，更何况是魏国主导的多国联军呢，必须将联军分化瓦解，将魏国的战车开向东方，才能使秦国获得和平发展之基。公孙鞅于是出使魏国，他要以一张伶俐嘴，轻轻将密布在秦魏边境的战争阴云吹到魏齐边境。

公孙鞅见到魏惠王后，首先称颂魏惠王的功德：“大王之功太大了，您的政令现在已经行之天下了，但是还没有达到称王于天下的地步。如果想称王于天下，攻打秦国是没有用的。秦国地处西北，不会对魏国称霸中原产生威胁，真正威胁魏国的是齐国和楚国。魏国应当联合秦国、燕国、赵国、韩国这些国家讨伐齐国、楚国，而不是联合齐国、楚国讨伐秦国。”

在对魏惠王进行一番夸奖之后，公孙鞅还怂恿魏惠王称王（当时魏惠王还未称王，魏惠王是后世对他的称呼）。魏惠王早就有了称王的野心，只是一直没有诸侯国建议，自己也不便自行称王。今日公孙鞅代表秦国，首先提出来魏惠王可以称王，魏惠王自然是非常满意，也就暂时不好意思再攻打秦国了。不但如此，秦国还将近年来攻占魏国河西郡的部分土地退还给魏国，这样一来，魏惠王更没有理由进攻秦国了。

魏惠王不但没有理由进攻秦国，也没有心思再进攻秦国。他要忙着称王，魏惠王大肆修建宫殿，准备器物、服饰和仪仗，于公元前 344 年，按照周天子的样子加冕称王。称王后，他又以中原霸主的身份，在逢泽（今河南开封南）大会诸侯。秦国作为魏惠王称王的倡导国，也派员前来参加会盟。会盟后，魏惠王又率领诸侯国国君和使者前去洛阳朝见周天子。不知道周王见到魏王心里又是什么滋味，也是敢怒不敢言吧。

公孙鞅的策略无外乎是在满足魏惠王的称霸野心的同时，也在天下诸侯面前暴露了魏惠王的称霸野心，继而使得齐、楚等大国迁怒于魏惠王的无礼。这样不仅可以瓦解魏国与其他诸侯国的同盟，还可以将魏国置于齐、楚等大国的对立面，挑起它们之间的矛盾。

虽然公孙鞅也不知道魏国同齐、楚之间的矛盾点会在何处爆发，但他相信一定会爆发。

在逢泽会盟时，齐、楚这样的大国根本不会向魏国低头，派员参加会盟，甚至韩国这样原属于三晋的国家也不愿参加，仅仅是宋、卫、邹、鲁这样的小国才会应邀参加。

而秦国作为西方大国，居然能卑躬屈膝前来参加，不得不让人怀疑秦国的居心。然而魏惠王已经被称王所带来的荣耀冲昏了头脑，没有及时发现秦国笑脸背后所包藏的祸心。

对手的没落

齐、楚没有参加会盟，魏惠王还可以容忍，毕竟是春秋以来纵横几百年的大国，实力也不在魏国之下，对于魏国的称王，自然需要一个认可的过程。但是韩国作为魏惠王的小弟，居然也不来参加会盟，魏惠王感到非常恼怒。

公元前 342 年，魏惠王派大将庞涓率军进攻韩国。韩国根本不是魏国的对手，马上向齐国求救。公孙鞅所寻找的那个魏国与齐国之间的矛盾点终于在韩国爆发了。

齐威王派出孙膑与田忌统领大军援救韩国。此次出征，孙膑同样是使出“围魏救赵”的策略，上演了一出“围魏救韩”。

他与田忌率领齐军直指魏国首都大梁。一招儿鲜，吃遍天，这一招儿虽已不新鲜，却仍然非常奏效。庞涓只得撤兵回援大梁。齐军并没有在魏国领土内多加逗留，反而迅速撤退回国。孙膑是希望借此挑逗庞涓，让其心生怒火追击齐军，同时尽量使决战在齐军熟悉的齐国境内进行，而不要在魏军熟悉的魏国腹地进行。

孙膑以“退兵减灶”的计策继续挑逗庞涓。他在第一天设置了供十万军队生火做饭的灶台，第二天设置了供五万军队生火做饭的灶台，第三天仅仅设置了供三万军队生火做饭的灶台，造成士兵大量逃亡减损的假象。

庞涓一次被孙膑围魏救赵，一次被孙膑围魏救韩，心中已经十分恼火，发誓要彻底消灭孙膑。这次看到孙膑的军队减员如此迅速，认为是天赐良机，于是率领魏军倍道兼程，紧追不放。

魏军追击到今山东郯城境内的马陵山，进入了孙膑早已设置好的口袋阵。马陵山山高谷深、山道狭窄，齐军居高临下、万箭齐发。魏军在深谷中没有回旋余地，只能被动挨打。魏军主力约十万余人全军覆没。魏太子申做了齐军的俘虏。庞涓又羞愧又气愤，自知无东山再起之日，遂拔剑自刎。

齐魏马陵之战是魏国霸业的转折点，自此后魏国一蹶不振。这场战役秦国虽未参加，但却是公孙鞅将魏国祸水东引，借齐国之刀杀人所致。秦国没有损失一兵一卒，甚至没有同魏国翻脸，便轻松消灭了魏国主力十万大军。站在秦国自身的利益来看，这一计策不可谓不高明。而此时，秦国同魏国翻脸的时机终于成熟了。

就在魏国兵败马陵的同一年，秦国就开始向魏国进攻。魏国正被齐国打得焦头烂额，没有心思在西线组织积极防御，吃了很大的亏。到了第二年，秦军卷土再来。此时魏惠王已经亲自到齐国向齐威王谢罪，双方关系得到缓和，可以腾出手来在河西对付秦国的进攻。

魏惠王派出公子卬率领魏军进驻河西，与公孙鞅率领的秦军相遇。昔日公孙鞅在魏国寄居时，与公子卬是要好的朋友。公孙鞅写了一封亲笔信，派出使者带给公子卬，信上说：我与公子昔日在魏国相处甚欢，没想到今日各为其主成为疆场上敌对的将领。我不忍心你我二人反目成仇，想与公子见面，歃血为盟，我们痛痛快快地喝一场然后各自罢兵回国，公子看如何？

魏军本来就是为防守而来，罢兵和好是魏军追求的目标，今日公孙鞅主动提出来，公子卬自然是求之不得，于是如期赴约。

在双方主帅歃血为盟约定今后和平相处后，公孙鞅请公子卬宴饮叙旧。盟约已成，公子卬心情轻松，失去了戒备。公孙鞅却在帐下埋伏了武士。酒至酣处，公孙鞅突然脸色一变，命令左右将公子卬俘获。随后秦军对魏军发起突然袭击。

魏军本以为两国主帅歃血为盟，战争即将结束，对于突如其来的打击毫无准备，更何况主帅被擒，魏军群龙无首，顿时陷入一片混乱。秦军轻松击溃了魏军。

公孙鞅的做法是否可以冠之为“兵不厌诈”？应该说是不可以的，至少这种行为在当时是不被认可的。既然已经结盟，盟约就应生效。双方各自罢兵，将来再起争端那是另外一回事。但是以结盟为诱饵，在结盟现场就行欺诈之事，扣押敌方会盟人，这是不被人心、舆论所接受的。

如果这种欺诈的风气传播开来，那么将没有人敢参与会盟，也没有人再信任会盟。国家间的纠纷将没有外交途径可以解决，只能诉诸战争。春秋时期盛行的会盟，到战国之后逐渐失去了它的权威性，乃至最终消亡。秦朝灭亡后，项羽约请沛公刘邦在鸿门会盟，项羽不忍伤害刘邦的做法甚至被人视为迂腐，这种只重结果而不重信义，视欺诈行为为正常手段的思想，不得不说与公孙鞅计捉公子卬有关。从这一角度来讲，公孙鞅敲响了会盟制度的丧钟，也让重信守义的华夏古风“礼崩乐坏”。

成为商鞅

当然，公孙鞅的背信弃义并非为了个人。他非常清楚，秦魏关系不共戴天，不是魏国兼并秦国，就是秦国兼并魏国。对于这样的敌人，没有联合的可能，必须要将其打死，而且手段可以无所不用其极，这正是法家一贯的军事思想之一。

在对外战争中，公孙鞅充分展示了他的军事才能，体现了他的军事思想，他也因卓越的战功而与吴国的孙武、齐国的孙膑、魏国的吴起，并列为春秋末年至战国初年的四大名将。

反观魏国，因对外连年作战，国力空虚，经过秦国一连串军事打击后，已经无力全面扼守河西之地，只得将河西大部分土地割让给秦国以求苟安。这时，兵败丧地的魏惠王想起十几年前公孙痤病重时向他推荐公孙鞅为相之事，心中是一种什么感受呢？

公孙鞅因对内变法，对外攻伐，为秦国立下不世之功。秦孝公封公孙鞅为商君，将於（今河南内乡东）、商（今陕西商县东南）之地的十五座城邑分封给其做封地。

公孙鞅从此成为商鞅，他的事业也达到了顶峰。

此时的商鞅既是秦国的大良造，又是秦国大将，集军政大权于一身。秦孝公对他深信不疑，言听计从，商鞅实际上成为秦国的主宰者。

臣子做到这个份上，是应该对自己的地位有所警觉了。

摆在商鞅面前的大概有三条路：

第一条路，百尺竿头更进一步，所幸架空国君，或在国君去世后左右新国君的废立，继续把持朝政。

第二条路，急流勇退，放弃所有政治权力，安心到自己的封地做一位富家翁，颐养天年。

第三条路，不进不退，无所作为，继续处在权臣这一尴尬的位置上，最终因功高震主而被扳倒。

很显然，第三条路对商鞅最为不利。但是令人费解的是，具有极高政治智慧的商鞅，不会看不到自己眼前的危机，也不会看不到这三条路的利弊，但是商鞅居然默默地选择了第三条路。

在这条路上，也曾有一个叫赵良的人来提醒商鞅。两人见面后，商鞅对赵良说：

“我初来秦国的时候，秦国的风俗同西戎没有区别。父子之间没有礼数，男女之间没有区别，大家都同室同居。是我制定了法令，施行了教化，改变了风俗，让秦国人知道男女有别，分室而居。我又迁都咸阳，修建了大型的城池和宫殿，把秦国营建得像文明开化的鲁国、卫国一样。赵良先生看我治理秦国的功绩，与秦穆公时代的百里奚相比，孰更胜一筹？”

赵良回答说：“常言说得好，一千张羊皮，也不如一只狐狸的腋裘珍贵。千人之诺诺不如一士之谔谔。当年周武王因身边有直言进谏的谔谔之士，所以周朝才兴盛。殷纣王身边都是随声附和的诺诺之辈，所以商朝灭亡了。我想和您说一番肺腑之言，我能请求直言不讳而不受到您的责难吗？”

商鞅答道：“忠言逆耳是良药，甜言蜜语是毒药，只要您直言不讳，便是我治病的良药，我将以您为师，先生又何必多虑呢。”

听到商鞅这样回答，赵良也索性不客气了：“商君您说的那位百里奚，本是楚国的一个乡下人，他听说我先君穆公聪明贤德，就想来觐见。但是因贫穷没有川资路费，才将自己卖给秦国商人，穿着粗布麻衣为人牧牛。

“一年之后，秦穆公知道了他的贤德，用五张羊皮换取了他的自由，将他从牛口之下提拔起来，成为一人之下万人之上的人物。他执掌秦国国政期间，向东讨伐郑国，向南救援楚国，三次确立了晋国君主，四方的戎狄都来表示臣服，连遥远的巴国人都来朝贡。

“立下如此大的功勋，百里奚却即使疲劳也不肯安坐车中，即使酷暑也不肯张打伞盖。他在国中循行，从来不需要跟从的车辆，也不需要携带武器。百里奚去世之后，秦国的男男女女都像死了父母一样痛哭流涕，小孩子不肯再唱歌谣，舂米的人也不肯再喊号子，这都是百里奚的德行所致。

“而反观商君您呢。您是托了宠臣景监的关系才得以见到秦国君主，就仅从这一点看，已经算不上光明正大了。您主持秦国国政，大兴土木，劳民伤财，建立城池和宫殿，让百姓怨声载道，用苛刻的法律约束贵族子弟，甚至对太子的师傅加以酷刑，现在被削了鼻子的公子虔已经八年不敢出门了。这些都是在为商君您自己积累怨恨，为商君您自己酝酿祸患啊。

“《诗经》上说：‘得人者兴，失人者崩。’您的这些执政政策都是不得人心的。您现在出门，前后要有数十辆随从的战车，车上都是披甲执矛的武士。如果没有这样的警卫保护，您根本就不敢出门。恃德者昌，恃力者亡。如果再这样下去，商君您灭亡的那一天已经并不遥远了。”

赵良所说的前半部分，依然秉承着仁义治国那一套旧有的观点，没有看到战国的社会环境已远不是春秋所能比。秦国只有实行变法革新，才能在恶劣的条件下生存壮大。但是赵良所说的后半部分，对商鞅个人安危的担忧，却称得上是金玉良言。

商鞅在秦国变法二十年，已经同秦国的旧势力积怨颇深，即使因商鞅变法得到利益的新势力，也并不感激商鞅，反而因为商鞅的法律过于苛刻，对商鞅也心存怨恨。

我们都有这样的经验，即使受到了某项政策的恩惠，也不会对这项政策的制定者心存多少感激。反而政策中一旦有些许对己不利，或者自己捞不到好处的条款，就会对这项政策百般非议。这种吃肉砸锅、端碗骂娘的事在两千多年前也不少见。因此无论是损失利益的旧势力，还是既得利益的新势力，秦国上下到处是商鞅的敌人。只有秦孝公一人在庇护着商鞅。

赵良形容商鞅已是危若朝露，就像早晨的露滴一样马上就要散去，希望商鞅见好就收，退位让贤："商君为何不退归你那十五座城的封地，每日灌园种田，以保平安？如若不然，一旦国君去世，秦国想要整治你的人难道还少吗？商君你的灭亡是翘足可待啊。"

赵良这个人代表什么阶层的利益，因何来提醒商鞅，是善意还是恶意？今天我们已不得而知。但是根据"赵"这个姓氏，他可能是秦国的王室贵族。秦王本身也是嬴姓赵氏嘛。我们所知道的是，在听了赵良这一番提醒之后，司马迁用两个字来形容商鞅的态度："弗从"。

商鞅依然坚定地坐在自己已经烫屁股的位子上。

为变法捐躯

大约五个月后，秦孝公身染重病，最终病入膏肓。据《战国策》的记载，秦孝公在弥留之际，想要将秦国国君之位传给商鞅，商鞅没有接受。此事确实令人感到震惊，但它的真实性我们也不能完全否定，毕竟几乎同时代的燕王哙也干过这样的事。他曾为了燕国的崛起，将国君之位让给国相子之。秦孝公无比崇敬商鞅，也无比信任商鞅，他会不会这么做，也未尝可知。

总之，商鞅没有成为秦国的国君，他也没有干预秦国新国君的废立，眼看着与自己曾经有仇的秦国太子嬴驷顺利登上国君之位。嬴驷便是后来的秦惠文王。

商鞅是没有能力干预秦国新任国君的人选吗？

依照商鞅的地位，恐怕不是。

商鞅是没有能力预见到一旦自己的仇人上台执政，自己将面临的处境吗？

依照商鞅的智慧，恐怕不是。

那么商鞅为什么会放任对他最不利的局面出现呢？

恐怕是因为这一局面的产生都是在商鞅所制定的法律的框架内进行的。商鞅是法律忠实的信徒，他不愿背叛自己制定的法律。既然身为太子的嬴驷继位是合法的，那么商鞅只能眼睁睁地看它变成现实。

说到底商鞅是文人，是知识分子，他当然希望保护自己，但他更希望保护自己心中的道，至少是要先保护法律，后保护自己，所以商鞅放弃了违法救己的机会。

待到秦惠文王继位的法律程序走完之后，商鞅开始想方设法保护自己。此时他所能走的只有一条路，也就是我们先前所讲的第二条路，同时也是赵良为他策划的那一条路：告老引退，回自己的封地颐养天年。

然而秦惠文王却连这样的机会都没有给予这位秦国崛起的第一功臣。商鞅的悲剧上演了。

当然，迫害商鞅绝不是秦惠文王一人的行为。那些曾经受到商鞅打击的旧贵族在其中起了推波助澜的作用。比如那个因被商鞅割掉鼻子而在家自废八年的公子虔，就曾对秦惠文王进言："左右的人太亲近了自身就会有危险，大臣的权力太重了国家就会有危险。今天的秦国老少妇孺都知道商鞅的新法，却不知道国君您的法度。这样下去商鞅就要反客为主，您就要反君为臣了。更何况商鞅还是您的仇敌，这样的人不可不除。"

不知是秦惠文王心中早已有了打算，还是听从了公子虔的劝说后才下定决心，总之秦惠文王发下手谕，即刻逮捕商鞅。

商鞅闻讯后当即逃走。到了秦国的关卡，商鞅想要投奔在馆舍之中，馆舍的负责人不敢收留商鞅。因为根据商鞅制定的法律，馆舍收留了不明来历的人，一旦查明该人有罪，馆舍的负责人要连坐受刑。史书中记载商鞅此时一声长叹："法律的弊端乃至于此啊！"

这句话是否出自商鞅之口很值得怀疑。

"请君入瓮"历来被看作惩治酷吏最具戏剧性的手段。商鞅长期以来被人们视为酷吏的鼻祖，后世那些围观历史的看客希望在商鞅身上也上演一出以彼之道还施彼身的“请君入瓮”。借商鞅之口，说出商鞅新法的弊端；借商鞅之身，来试一试商鞅新法的威力，这是一件多么大快人心的事啊。

商鞅在秦国无处可藏，他想到了自己的来处，隔壁那个被他教训了许多年的魏国。魏国早已领教了商鞅的政治、军事才华，那里或许是政治避难的好去处。商鞅带着宗族出奔魏国，来到了魏国的邺城后，令商鞅没有想到的是，邺城的郡守拒绝收留他，理由是商鞅曾经以没有信义的手段在结盟的现场抓捕了公子卬，致使魏军惨败。

商鞅见魏国无处安身，转而逃回自己的封地，希望在自己的地盘，动员自己的宗族、门客、党羽与抓捕他的秦军抗衡，但还没等到达於、商之地，就被围追堵截他的秦军抓获。

商鞅自被封为商君，攀缘到秦国权力的巅峰，到沦为阶下囚，总共不过两年的时间。可以想见，即使侥幸逃回封地，他在那里也没有很强的政治基础，面对秦军的进攻，也不可能坚持多久。

抓到商鞅后，秦惠文王在咸阳以谋反之罪将商鞅明正典刑，不是普通的斩首，而是处以车裂的极刑。商鞅宗族老少也悉数被杀。而这，同样是商鞅制定的法律中给予反叛者的惩罚。

秦惠文王和公子虔在变法过程中或许是旧贵族利益的代表。但是当商鞅变法取得成功，秦国国力飞速发展之后，他们也看到了变法的好处。尤其是秦惠文王，他也愿意做一个强国的国君，而不愿意自己的国家积贫积弱。他上台之后，已经由奴隶主阶级利益的代表转化为地主阶级利益的代表，从而使秦惠文王与新法的矛盾，转化为新兴地主阶级内部争权夺利的矛盾，转化为与商鞅的个人矛盾。他对商鞅切齿痛恨，却并不想在秦国恢复旧有的制度。

这个将商鞅在肉体上消灭的人，却成了将商鞅的灵魂发扬光大的人。

第十七章 秦君称王

窃国者诸侯

秦惠文王虽然车裂了商鞅，诛杀了商鞅的族人，但秦惠文王并没有重用公子虔，这也表明秦惠文王并非认可和支持公子虔那一套代表奴隶主利益的抱残守缺的政治见解。秦惠文王已经成为地主利益的代言人，他杀害商鞅，完全是因为商鞅权力过大，大有架空国君之势。秦惠文王要想执政掌权，非得搬开商鞅这块绊脚石不可。

秦惠文王的担心并非没有道理。在春秋与战国交替之时，各国内部斗争异常激烈，很多国家都由国君掌权逐渐转变为卿士大夫掌权，甚至卿士大夫以下抗上，取而代之，成为国家的新国君。

比如我们曾经讲过的“三家分晋”，因为韩、赵、魏三家瓜分了晋国，晋国的名号不复存在，韩、赵、魏成为新的诸侯国名，所以卿士大夫代替国君这一新的历史情况在“三家分晋”上表现得最为明显。但还有很多诸侯国家，诸侯国名本身没有改变，却已经是鸠占鹊巢，张冠李戴，国君的族属或姓氏早已发生了变化，比如田氏代齐，比如戴氏代宋，比如南氏代卫，等等。

齐国的田氏本是陈国的贵族。春秋时期，陈厉公之子陈完在陈国的动荡中逃到了齐国。当时正是齐桓公称霸时期，陈完素有贤名，齐桓公任命陈完为管理百工的“工正”。陈完家族在齐国扎下了根，并改为田氏。

为了融入齐国上流社会，田氏开始同齐国的统治高层联姻。陈完本人娶了齐国大夫懿仲的女儿为妻。到陈完的五世孙田恒子娶齐庄公女儿为妻时，田氏已经成为齐国的头等贵族。

当时齐国公室对百姓剥削很重，将百姓辛苦所得的三分之二都作为税赋收为己有。而田恒子却将自家的容器扩大四分之一，有百姓来借粮食，他以自家的大容器借出，又以公家的小容器收回，以此让利于民，笼络人心。田氏在齐国百姓中得到了非常好的口碑，百姓们纷纷投奔到田氏的土地上去耕种。田氏的土地产出越来越多，远远多于当初大斗借出小斗收回而损失的那些粮食。

齐国其他贵族中的有识之士，看到了田氏逐渐发展壮大。晏婴出使晋国时，曾对晋国大夫叔向说：“田氏最终将代替姜氏成为齐国君主。田氏虽无大功德，但善于借公事施私恩，齐国的百姓都爱戴他们。”齐景公曾坐在宫中感叹：“如此美轮美奂的宫殿，我死后谁会坐在这里呢？”晏婴也借此警告他：“恐怕是田氏。”但是齐景公却付之一笑，没往心里去。

在争取民心的同时，田氏利用各种内部斗争和对外战争削弱国君公族的势力，打击消灭其他贵族大家。田氏先后将庆氏、栾氏、高氏、鲍氏、晏氏等豪门大族一一铲除，并侵占了他们的土地和人口。田氏掌握的土地逐渐多于齐国公室直辖的土地了。

田氏还故意挑起对外战争，让公室和其他贵族成员去做炮灰，以消灭他们之中的精英，美其名曰“以外患治内痞”。如田恒子的曾孙田成子，曾驱使齐军在艾陵同吴鲁联军决战。这一战齐国惨败，齐国公室和许多贵族成员被俘。为了平息公室和其他贵族的愤怒，田成子居然让自己的叔父故意战死，手段真可谓无所不用其极。

田成子还做过更加令人大跌眼镜的事。田成子觉得田氏人丁不旺，于是在齐国公开选美，选择了数百名身高七尺以上的美女作为自己的姬妾，充实到内宅中。田成子对自己的宾客开放内宅，来者不拒。这些姬妾同宾客所生的孩子都算在田成子名下。

到田成子去世时，他已经有七十多个儿子了。这七十多个儿子都做了齐国大小城邑的大夫，齐国的地方政权几乎完全被田氏占据。这七十多个田氏之子又娶妻生子，田氏族群一下子壮大了。

此后田氏又苦心经营了四代，到田和执掌齐国国政时，他将齐康公赶到海边，只给他一座城邑作为采食之地。田和则请求周天子加封自己为诸侯，周天子也只得准许。至此，虽然仍然是齐国那一个旧酒瓶，但是已经装的是田氏的新酒了。

战国七雄中，只有秦、楚、燕三国国君是自春秋时期沿承下来的。其他国家皆是由卿士大夫夺取原国君权力而形成的。如果算上其他中小型国家，这一情况会显得更加突出。

比如宋国的政权自春秋中期以后就掌握在公族大夫手中。曾经促成弭兵之会的华元就曾执政三十多年。后来，宋戴公的一支子孙成为戴氏。戴氏的子孙子罕逐渐掌握了政权。子罕在宋国发生饥荒时，拿出公家的粮食借给百姓，他让大夫们也出粮救难。戴氏出借的粮食都不打欠条，以此来笼络人心。最终在公元前 356 年前后，戴氏的子孙杀害了宋国国君，自己成了宋国国君。

另一个小国卫国也发生了类似的事件。春秋末年卫灵公宠爱幼子子南，子南的后代称南氏，这一家族拥有大量封邑。卫出公想要夺取南氏的封邑，反而战败逃亡。南氏重新立了一位君主卫悼公，从此掌握了国家政权。后来南氏逐渐取代了卫国国君，成为诸侯。

在《韩非子》中，曾经将齐国田氏、宋国子罕、卫国南氏称为“上逼君，下乱治”之臣，证明他们都是一类人。

不只是各个诸侯国，被称为天下共主的周天子，也遇到了类似的窘况。周敬王时，周朝国政落入了单氏、周氏手中，并最终使周朝直辖的王畿附近再次分成了西周国与东周国两个小国。

国君丧失国家政权的现象频繁出现，怎能不让各国当政国君感到恐慌，对功高震主的臣子百般提防。

而此时的商鞅却成了秦国变法崛起的第一功臣，成了秦国在百姓中“只知有商君，不知有秦王”的权臣。他已经取得商於之地六百里的封地，要知道七雄之一的韩国才仅仅拥有九百里的土地。商鞅在自己的封地中已经面南背北、称孤道寡，俨然一位诸侯。

秦惠文王怎能不担心，曾经在晋国、齐国、宋国、卫国出现的事情在不久的将来或许就会在秦国上演。了解了这些，商鞅之死也就理所当然了。

秦惠文王的担心不是没有道理。卿士大夫攫取国家权力的事件仍在上演，就在秦惠文王处死商鞅之后不久，燕王哙将燕国国君位置禅让给了国相子之。

到了这时，战国各大国中只有秦、楚两国国君还能守住祖先传承下来的江山社稷了。

雕阴之战

商鞅被害后，秦惠文王任命了一个叫公孙衍的人为秦国的大良造。

公孙衍是一位风云人物，这个人不但做过秦国大良造，后来还做过魏国的国相、韩国的国相，他不但帮助秦国攻打魏国，收复河西之地，还帮助魏国、韩国等国组成联盟共同攻击秦国。他周旋于各国政坛，翻手为云，覆手为雨，是战国早期纵横家的代表人物。

但是非常奇怪的是，史书上对他的记载却不是很多。《战国策》中对他仅有几条简短的记载。《史记》中他的传记居然附于张仪传记之后，内容也很简略。这使得今天的我们对这位在战国政坛纵横捭阖的人物，了解非常有限。

我们只知道他是魏国阴晋人。阴晋这个地方原属秦国，后被魏国夺去，公孙衍生卒年代不详，但是根据他主要的活动时期，他出生时，阴晋应该已经属于魏国，所以公孙衍是魏国人。他的师承学历今人已无法得知，只知道他曾在魏国的军队中任犀首之官，人们也将其代称为“犀首”。

司马彪曾解释说：“犀首，魏官名，今虎牙将军。”看来他不算高级军官，但职权也不算小，应属于魏军中的中层。

后来，不知什么原因，公孙衍离开魏国来到秦国。他一到秦国便飞黄腾达。公元前 333 年，也就是秦惠文王在位的第五年，公孙衍被秦惠文王任命为大良造。

公孙衍究竟何德何能，受到秦惠文王如此器重，后人已经不清楚了，但公孙衍在大良造一职上的政绩绝对可以在考核时评定为“优秀”。他亲自组织和指挥了秦国与魏国针对河西领土的决战——雕阴之战。

雕阴在今陕西延安甘泉县。公元前 358 年，魏国为防御秦国，派大将龙贾在此筑城，因城在河之南面，山上又多有雕穴，故称雕阴，是魏国长城上的重镇。公元前 330 年，公孙衍率领秦军在雕阴与固守的魏军展开一场激战。

公孙衍的对手就是筑造雕阴城的魏国大将龙贾。对这场战役的经过，史书记载不详，甚至同在《史记》一书中，所记载的雕阴之战的结果也有两说，在《史记·魏世家》中，记载秦军斩首魏军四万五千，在《史记·秦本纪》中记载秦军斩首魏军八万。

无论哪种说法，秦军在雕阴大获全胜是毋庸置疑的。雕阴之战后，魏国在河西的防御已经全面崩溃，仅能在一些据点中驻守。秦国全面占领河西已仅仅是时间问题。眼见河西无法防御，魏惠王索性将仍然掌握的河西剩余土地割让给秦国，希望两国罢兵和好，秦国不要对魏国黄河以东领土发动进攻。魏惠王的出发点是好的，但是他却低估了秦国对于领土的野心。

雕阴之战仅仅结束一年，秦国的战车便渡过黄河开到了魏国本土。在魏国河东郡的汾阴、皮氏等地，以及魏国黄河以南的曲沃、焦等地横冲直撞。这次出征秦军的带头人是秦惠文王的异母弟弟樗里疾。

樗里疾本名嬴疾，又称公子疾。“樗里”是地名，因他居住在此地，故秦人以此地称他。樗里疾足智多谋，秦人称之为“智囊”，是秦惠文王时期秦国最著名的统兵将领，在后文中还将多次提到。

在儒家经典《孟子》中，记录了孟子在魏国首都大梁见到魏惠王时，魏惠王对孟子略带哀怨地提到当时魏国的处境：

“魏国原本是天下最强盛的国家，这一点您老人家是知道的。但是魏国传到寡人的手中，在东面被齐国打败，寡人的长子死在乱军之中。在西面被秦国打败，失去七百余里的土地，在南面则受辱于楚国，这真是寡人的耻辱啊。”

就是在这种窘境下，魏惠王见割地贿赂秦国似乎并不能保证西线边境的安全，于是他使用了一种非常手段，直接贿赂秦国的大良造公孙衍，希望他能够高抬贵手，给魏国一个喘息的机会。

一个国家给一个人的贿金当然不会少，公孙衍收人钱财，替人消灾，居然劝说秦惠文王改变战略方向，暂时放弃对魏国的咄咄进逼，转而向西，攻打秦国各个西戎部落，进而稳固秦国后方。待没有后顾之忧后，再向东攻打魏国。

巩固后方并非没有道理，但只是不合时宜。此时魏国就像已到了九十摄氏度的水，秦国只需再加一把柴就能沸掉。如果“釜底抽薪”，水就将再次冷却下来，秦国再想让它沸腾，恐怕要耗费更大的火力。

但是秦惠文王对刚刚在雕阴取得大捷的公孙衍深信不疑，他轻易做出了改变战略方向的决定。正当前方攻击魏军的秦国大军，即将撤退回国的时候，又一位魏国人来到了秦国的朝堂。这个人就是著名的纵横家张仪。

烂不掉的舌头

公孙衍、张仪还有后来的苏秦都属于战国时期的纵横家。纵横家和道家、儒家、墨家、法家、兵家一样，都是在春秋战国乱世中崛起的学术流派。只是纵横家主要研究各国家间的政治局势，从事政治外交活动。他们是中国古代最早的一批“谋士”，只不过他们并不专一服务于某一国家或政治势力，并无固定的主公，今日帮助秦国，明日辅佐楚国，在政治外交活动中反复无常，只看到自身的名望和利益，并不完全对所服务国家的利益负责。

在战国时期，并没有纵横家这一名号，纵横家是后人对于这一类谋士外交家的称呼，来源于他们所主张的合纵与连横。

所谓合纵，就是各个诸侯国联合起来，抵御秦国的进攻，遏制秦国的发展。因为秦国在各个诸侯国的西面，诸侯国要想联合起来，必定会形成一条南北方向的纵线，故而称为合纵。

所谓连横，是秦国同某些国家进行联合，共同进攻另外一些国家。同样因为秦国在各个诸侯国的西面，秦国要想与其他诸侯国联合，必然会形成一条东西方向的横线，故而称为连横。

据说，纵横家的鼻祖是鬼谷子。传说鬼谷子名叫王禅，又称王禅老祖，隐居在鬼谷之中，故名鬼谷子。此人是战国时期最为传奇的人物，长幼不定，行踪不定，忽而出现，忽而隐去，可谓真人不露相，神龙见首不见尾。根据现有资料看，鬼谷子既深谙道家理论，又对兵家兵法运用纯熟，还独创了纵横家学派，甚至天文地理医卜星相尽在其掌握之中，有神鬼不测之能。战国时期那些纵横捭阖的人物，孙膑、庞涓、张仪、苏秦都是其弟子。鬼谷子已被传说得神乎其神，以至于人们怀疑此人是否真实存在，或者鬼谷子的传说是几位隐士的生平事迹的合集也未尝可知。

在《史记·张仪列传》中，第一句话便是："张仪者，魏人也，始尝与苏秦俱事鬼谷先生。"既然司马迁有此定论，看来张仪师从鬼谷子也并非空穴来风。当然，也不能完全因为《史记》有此记载，便将张仪与苏秦师承鬼谷子认定为既定事实。虽然《史记》的权威性毋庸置疑，但《张仪列传》中的破绽颇多，我们在后文中还会提到。

张仪学成下山后便周游列国，到各个诸侯国去宣扬他的纵横理论。张仪初入职场也曾四处碰壁，甚至受到很大的打击。一次在楚国，张仪与楚国国相一同饮酒，酒局散后，楚国国相发现自己丢失了一块贵重的玉璧。

楚国国相的门客们纷纷议论："张仪这个人贫穷而无德行，一定是他借饮酒之际将玉璧盗走了。"楚国国相不置可否。

沉默便是认可了门客的说法。于是门客们找上门去，将张仪捉住，严刑拷打，询问玉璧的去处。张仪咬紧牙关死活不认，最终因既无口供又无赃物，门客们也只得怏怏而去。

张仪的妻子看着遍体鳞伤躺在地上的张仪，叹息道："你要不是读了一些书，一门心思想要游说诸侯，又怎会遭横祸、受此大辱呢？"

张仪闭着眼睛不住地呻吟，轻轻地对妻子说："你看看我的舌头还在嘴里吗？"妻子被他的话气笑了，说："在。"

张仪微微地点了点头："那就足够了。"

关于张仪如何来到秦国，并受到秦惠文王的信任，在《史记·张仪列传》中有如下记载。

起初，张仪郁郁不得志，而他的同学苏秦已经成为赵国显赫的政治人物，便有人建议张仪去投奔苏秦。

此时，苏秦刚好说服了赵王连同各诸侯国共同讨伐秦国，但盟约还没有订立。苏秦害怕秦国在此时攻打各诸侯国，使各诸侯国不敢与赵国订立盟约。他需要派一个人到秦国，劝说秦惠文王息兵罢战，借此给赵国与各诸侯国订立盟约争取时间。

张仪的到来，让苏秦找到了最佳人选。但是苏秦并没有直接同张仪讨论此事，而是对张仪非常冷淡，甚至将张仪晾在馆驿中好几天才肯接见。

见到张仪后，苏秦并没有同他一叙同学之旧，反而让他坐在堂下，赐给他奴仆食用的粗粝饭菜，自己则高高坐在堂上，享用珍馐美味。在得知张仪希望通过自己得到从政的机会后，苏秦颐指气使地说："张先生，当年我们一同拜在鬼谷子门下求学，根据您的大才，居然使自己穷困落魄到如此地步，看来您的大才是不值得被诸侯任用罢了，难道就能够因为我的一语推荐而使您富贵吗？"

张仪听了这一句话真不亚于冷水泼头一般。他本以为能够通过同学关系让苏秦拉自己一把，没想到反而受到讥笑侮辱。张仪恼羞之下拂袖而去。他在馆驿中思索了数日，想办法报复苏秦。而纵观天下，只有秦国有实力攻击赵国，于是张仪马上起身入秦，他要说服秦惠文王起兵伐赵，以解自己心头之恨。

自从那天之后，张仪身边就多了一个神秘人。张仪住在哪个馆舍，那位神秘人便住在哪个馆舍。此人家资巨富、腰缠万贯，还想方设法接近张仪，凡是张仪需要用钱的时候去找他，此人从不拒绝。

张仪不知道这个神秘人从何处而来，也不知道此人目的何为。但张仪已顾不了许多，他实在是太需要钱了。

到了秦国之后，张仪需要打点关系，贿赂秦惠文王身边的近人，才能得到见到秦王的机会。那位神秘人更是一掷千金，帮助张仪上下疏通关节，终于使张仪成功见到秦惠文王。

张仪入秦

张仪见到秦惠文王的时候，正是公孙衍刚刚获得魏国的贿赂，劝说秦惠文王停止向东攻击诸侯，转而向西攻击西戎的时候。

张仪一眼就看破了公孙衍的私心。他同秦惠文王一番高谈阔论，分析了攻打魏国正当时，一旦错此良机恐怕后悔莫及。一句话点醒梦中人，秦惠文王也觉察出了公孙衍的私心，当即拜张仪为客卿，参与朝政。

张仪在秦国站稳脚跟后，神秘人向其告辞。张仪挽留神秘人："有了您的帮助，我才在秦国得到显贵的身份，我正要报答您的恩情，您何故要离我而去呢？"

神秘人此时才亮出了身份："我本是苏秦大人的宾客，是苏秦大人派我来帮助您。那天您从苏秦大人官邸离去后，苏秦大人对我说，他的能力远不及您，不过他很幸运，先于您出仕得地。他担心您在他的手下小富即安，无法施展您的才能，才故意将您激走。他让我辅佐您，让您去秦国施展抱负。今天，我已完成了苏秦大人交给我的任务，到告辞的时候了。"

神秘人说完这番话，张仪方才如梦初醒，叹息道："苏秦所使用的权术我与他一同学习过，为什么我就没有看破其中的奥秘呢？看来我比苏秦差远了。"

神秘人接着说："苏秦大人请求您一旦掌握秦国国柄，不要发兵攻打赵国。"

张仪答道："您回去转告苏秦先生，我刚刚被秦国任用，哪有能力让秦国出兵攻打赵国。即使我将来掌握秦国国柄，只要苏秦先生在赵国一天，秦国绝不向赵国派发一兵。"

这便是《史记》中记载的张仪入秦的经过，非常具有戏剧性，但是这一情节更像是一篇励志故事，同真实历史恐怕有一定差距。

1972 年，长沙马王堆发掘时出土了一本汉代帛书，记载的是战国纵横家的事迹。这本书前后共一万多字，起初并没有名字，考古专家为了方便研究，将其命名为《战国纵横家书》。根据这本书的记载，张仪于公元前 309 年去世，而苏秦于公元前 284 年去世。两人大概隔了一辈人。张仪入秦是公元前 329 年前后，此时苏秦还没有入仕从政，怎会执掌赵国国政，又用激将法导演张仪入秦的好戏呢？实际上，苏秦的政治作为集中在张仪去世之后，两个人并没有演过对手戏。

马王堆汉代帛书的入土时间，要早于司马迁创作《史记》的时间。帛书入土时，距离张仪、苏秦生活的年代不过一百多年，应该说帛书记载的历史真实性要高于《史记》。张仪与苏秦并没有做过同学，也没有做过对手，甚至根本就不认识。真正与张仪上演合纵连横对手戏的人，是原秦国大良造公孙衍。

公孙衍既然是秦国高官，又怎么会成为秦国合纵的主要对手呢？

张仪入秦后，看破了公孙衍以权谋私的诡计，公孙衍因而受到了排挤。他见自己已经失去了秦惠文王的信任，知道再在秦国待下去恐怕是自讨没趣，或许还有身家性命之忧。

公孙衍寻思，自己本身就是魏国人，只因在魏国郁郁不得志才来秦国谋图发展，如今自己已是名震天下的人物，而魏国因连年败绩，此时正是用人之时，想必自己回到魏国也会被魏惠王所重用，何必要客居秦国，落得里外不是人呢？

想到此处，公孙衍离开了秦国，投奔魏国。对于秦国大良造的主动投诚，魏惠文王果然大喜过望，他拜公孙衍为魏国国相，委以国事，从此公孙衍由秦国阵营转入反秦国联盟，成了秦国的死敌，开启了他的下半段职业生涯。

第一位王

公孙衍在魏惠王面前提出“合纵”战略，公孙衍也成为战国时期第一个提出合纵的人。他希望魏惠王能够认识到，如今魏国最大的安全隐患已经是秦国，而不再是齐国了。魏国必须同齐国联合起来，而齐国又向来与楚国交好，联合齐国就可以联合楚国。秦国的国境只与魏国和楚国接壤，只要魏国联合了齐楚两国，就不但在政治上孤立了秦国，也在地缘位置上孤立了秦国。

但是，齐国同秦国相距甚远，齐国没有理由同魏国一起与秦国作对。为了将齐国拉上魏国的战车，魏国必须让齐国得到一些甜头，就近攻打赵国是个不错的主意。

赵国既与魏国接壤又与齐国接壤，一直是魏齐两国争霸的隐患，如果两国联军攻打赵国，自然也就表明了两国的联盟关系。到那时魏国再将攻打赵国的利益多让给齐国一些，齐国也就会支持甚至跟随魏国一同攻打秦国。

公孙衍为此去求见齐国名将田盼，怂恿他带兵与魏国一同进攻赵国。田盼询问需要齐国出多少人马，公孙衍回答五万人马足够。田盼觉得赵国是大国，以区区五万人马攻打并不容易。公孙衍便对田盼说：“如果您同国君说攻打赵国太难，需要很多人马，恐怕齐国国君就不会同意出兵。您若是带着五万人马去攻打赵国，倘若不顺利，齐国国君也会再派援军。”

通过这番“高见”，后人也可以看到，公孙衍之流的纵横家所谓的权谋是一些什么东西了。

公孙衍终于促成了魏、齐两国联手攻赵，果然将赵国打得大败。牛刀小试的成功，使魏惠王和公孙衍对合纵更加抱有信心。然而，魏国初次合纵的尝试却没有取得成功，原因是魏楚之间交恶，楚国不但不参加合纵，反而开始向北进攻魏国的南陲。

按照常理推断，此时秦国应趁火打劫，趁魏军在南部边境对抗楚国之机，在魏国的西北边境插上一刀。即使不这么做，也应坐山观虎斗，做袖手旁观之态。

但秦国技高一筹。秦惠文王命令占领魏国皮氏的秦国军队，出兵援助魏国抵抗楚国。这一步棋至少有三层意图。

第一，秦国不希望楚国插手魏国事务，一旦楚国在魏国取得权益，秦国同楚国、魏国的关系就会变得复杂。

第二，秦国希望魏国抗楚到底，以此来削弱魏国的力量。如果秦国不出兵帮助魏国，魏国很有可能在压力下马上同楚国媾和，如此一来魏国的有生力量实际上不会受到多少影响。而秦国出兵之后，魏国既无对秦国的后顾之忧，又可以看到战胜楚国的希望，一定会同楚国死磕。这样无论胜败，魏国都会受到很大的损失。

第三，秦国也希望魏国能因此亏欠秦国一个人情，为将来与魏国的政治外交较量加上一颗砝码。

秦国自皮氏发兵万人，战车一百乘，同魏国组成联军，抗击楚国。魏惠王见秦国都来助战，自己又怎么好意思同楚国媾和，只能硬着头皮同楚国打下去。

联军费了九牛二虎之力击退了楚国军队。魏国军队受到了重大损失，但是秦军作为客人，自然不会去干脏活重活累活，所以损失并不大。就这样，秦国居然通过帮助魏国而削弱了魏国的实力。

在同魏国联合抗楚的第二年，秦国便同魏国反目，攻入魏国的河东郡，占领了蒲阳。随后，秦国又表示将联合楚国共同攻打魏国。

魏惠王已被秦国蹂躏得身心俱疲，他真的不想再和秦国这样纠缠下去，索性将河西郡剩存的土地以及河西郡以北的上郡的十五个县城，一股脑儿割让给秦国，以此换取秦国不要再攻击魏国。

秦国占领了河西郡与上郡之后，完全控制了崤山与黄河天险，并将函谷关掌握在手中，形成了居高临下俯瞰中原，进可攻退可守的战略主动优势。张仪因数年来在秦国政策制定上所做的贡献，被秦惠文王任命为秦国的宰相。

在魏国将上郡割让给秦国之后，秦国把占领河东的魏国城池交还给魏国，向魏国示好。秦国此举是为了缓和与魏国的关系，稳定住东部边境局势，以此为征讨秦国境内的义渠提供战略空间。

不久后，秦国在讨伐义渠的战争中也获得胜利，迫使义渠的首领向秦国屈服。

公元前 325 年，魏国的国君与韩国的国君相互承认对方的王号。秦惠文王认为既然其他诸侯国都相继称王，那么根据秦国的国力，自己也完全可以称王了。张仪看准这个拍马屁的好时机，极力怂恿秦惠文王称王。于是秦惠文王正式称王，改元为更元元年，秦惠文王也由此成为秦国第一代君王。当然，此时秦惠文王这个王号是“自称”，周天子并不认可，其他诸侯国更是拒不承认。

但是，名与实的关系大抵如此：没有实力的时候没有人承认你；有实力的时候别人会承认你；实力真正强大的时候不需要别人承认你。强大的秦国国君称秦王，难道还需要那些瑟瑟发抖的诸侯们的承认吗？

就这样，自西周末年秦国建国至秦惠文王称王，秦国通过四百多年的时间完成了国家的原始积累，成为各个诸侯国谈之色变的虎狼之国。秦国接下来的历史任务，将由自保转变为统一，这个东周乱世中的崛起者，也将成为东周乱世的埋葬者。

图书在版编目（CIP）数据

秦朝果然很有料. 第一卷 / 纪陶然著. —北京：中国工人出版社，2020.3
ISBN 978-7-5008-7352-5

Ⅰ.①秦… Ⅱ.①纪… Ⅲ.①中国历史—秦代—通俗读物 Ⅳ.①K233.09

中国版本图书馆CIP数据核字（2020）第031697号

秦朝果然很有料. 第一卷

出 版 人	王娇萍
责任编辑	李 倩
责任印制	黄 丽
出版发行	中国工人出版社
地 址	北京市东城区鼓楼外大街45号 邮编：100120
网 址	http://www.wp-china.com
电 话	（010）62005043（总编室） （010）62005039（印制管理中心） （010）62379038（社科文艺分社）
发行热线	（010）62005049 （010）62005042（传真）
经 销	各地书店
印 刷	天津嘉恒印务有限公司
开 本	710毫米×1000毫米 1/16
印 张	14.25
字 数	193千字
版 次	2020年6月第1版 2023年3月第5次印刷
定 价	36.80元